2021年辽宁省博士科研启动基金计划项目(2021-BS-168,2021-BS-166)资助
暨南大学"重大工程灾害与控制"教育部重点实验室开放基金项目(20200904012)资助
吉林省交通厅重点科技项目(20150107)资助

聚氨酯水泥-预应力钢丝绳抗弯加固钢筋混凝土T形梁研究

张可心　刘鹏飞　刘　赫　著

中国矿业大学出版社
·徐州·

内 容 简 介

本书是一部关于桥梁加固技术的应用研究型著作。采用砂浆预应力钢丝绳或者复合砂浆预应力钢丝绳加固桥梁时，砂浆或者复合砂浆暴露出强度低、易开裂、易脱落、影响钢丝绳耐久性等缺点。本书系统地论述了以聚氨酯水泥复合材料为钢丝绳嵌入材料，形成一种新的聚氨酯水泥预应力钢丝绳加固方法。本书主要内容包括：从聚氨酯水泥的材料性能入手，在室内进行预应力钢丝绳和聚氨酯水泥预应力钢丝绳抗弯加固梁的静载试验、疲劳试验以及在数值分析的基础上对两座实际桥梁进行加固前、后荷载试验研究。

本书可作为桥梁工程专业本科生、研究生的参考书，也可供从事新型复合材料及相关领域的科学技术研究人员和从事桥梁加固设计、施工与监测等的工程技术人员借鉴和参考使用。

图书在版编目(CIP)数据

聚氨酯水泥-预应力钢丝绳抗弯加固钢筋混凝土T形梁研究/张可心，刘鹏飞，刘赫著. —徐州：中国矿业大学出版社，2022.5

ISBN 978-7-5646-5170-1

Ⅰ. ①聚… Ⅱ. ①张… ②刘… ③刘… Ⅲ. ①桥梁施工—钢丝绳—加固 Ⅳ. ①U445.7

中国版本图书馆CIP数据核字(2021)第204441号

书　　名　聚氨酯水泥-预应力钢丝绳抗弯加固钢筋混凝土T形梁研究
著　　者　张可心　刘鹏飞　刘　赫
责任编辑　杨　洋
出版发行　中国矿业大学出版社有限责任公司
（江苏省徐州市解放南路　邮编221008）
营销热线　(0516)83884103　83885105
出版服务　(0516)83995789　83884920
网　　址　http://www.cumtp.com　**E-mail**:cumtpvip@cumtp.com
印　　刷　江苏淮阴新华印务有限公司
开　　本　787 mm×1092 mm　1/16　**印张** 8.25　**字数** 206千字
版次印次　2022年5月第1版　2022年5月第1次印刷
定　　价　48.00元

前　言

随着预应力钢丝绳在桥梁加固工程中的不断应用，砂浆或复合砂浆作为钢丝绳的嵌入材料也逐渐暴露出强度低、易开裂、易脱落、影响钢丝绳耐久性等缺点。聚氨酯水泥复合材料(PUC)作为一种聚合物混凝土材料，具有质量轻、强度高、韧性好的特点，且具有良好的黏结性和耐腐蚀性。本书以聚氨酯水泥作为钢丝绳嵌入材料，形成一种新的聚氨酯水泥预应力钢丝绳加固方法。轻质高强的聚氨酯水泥既黏结锚固预应力钢丝绳，又被动参与结构受力，避免了以砂浆或复合砂浆作为嵌入材料所产生的问题。

本书的出版得到2021年辽宁省博士科研启动基金计划项目(2021-BS-168，2021-BS-166)、暨南大学“重大工程灾害与控制”教育部重点实验室开放基金项目(20200904012)、吉林省交通厅重点科技项目(20150107)的资助。从聚氨酯水泥的材料性能入手，在室内进行预应力钢丝绳和聚氨酯水泥预应力钢丝绳抗弯加固梁的静载试验、疲劳试验以及在数值分析的基础上对两座实际桥梁进行加固前、后荷载试验研究。

本书主要研究内容及创新成果如下：

(1) 对1 550 kg/m^{3}高密度的聚氨酯水泥材料(PUC-1550)进行材料性能研究。通过试验获得了材料的抗压强度、抗折强度和轴向拉伸强度，并拟合得出相应的应力-应变曲线关系式；通过材料与混凝土轴向拉伸黏结试验和弯曲黏结试验，分别得到两种试验条件下的黏结强度和破坏模式；通过－40～60 ℃下材料轴向拉伸试验，分析了环境温度对材料力学性能的影响；材料耐酸碱性能测定表明聚氨酯水泥材料具有良好的耐化学腐蚀性能。

(2) 对16根钢筋混凝土T形梁进行了聚氨酯水泥预应力钢丝绳抗弯加固试验研究(1片未加固梁、4根预应力钢丝绳加固梁和11根聚氨酯水泥预应力钢丝绳加固梁)，以钢丝绳嵌入材料、钢丝绳锚固形式、聚氨酯水泥材料厚度、钢丝绳数量、钢丝绳预应力大小、加载方式和是否带载加固为变量。试验结果表明：与预应力钢丝绳加固相比，聚氨酯水泥预应力钢丝绳加固能够明显提高加固梁的屈服荷载和极限荷载；聚氨酯水泥预应力钢丝绳加固的限制裂缝展开能力优于预应力钢丝绳加固梁，尤其主梁钢筋屈服后更为明显；加固梁的强度、刚度、限制裂缝展开能力随着加固层的聚氨酯水泥厚度的增加而提高，但是随着钢丝绳预应力的降低而降低。

(3) 对聚氨酯水泥预应力钢丝绳加固梁进行了数值模拟，分析了混凝土强度和配筋率对加固梁受弯性能的影响。研究结果表明：模拟结果与试验数据吻合良好；加固构件的屈服荷载随着混凝土强度的提高略微增长，屈服挠度非常接近；聚氨酯水泥预应力钢丝绳加固层断裂时梁的极限承载能力随着配筋率的增大而增大。

(4) 对 8 根钢筋混凝土 T 形梁进行了聚氨酯水泥预应力钢丝绳抗弯疲劳试验研究，比较了聚氨酯水泥预应力钢丝绳加固和预应力钢丝绳加固对结构疲劳性能的影响，分析了聚氨酯水泥预应力钢丝绳加固梁的疲劳破坏机理。试验结果表明：与预应力钢丝绳加固相比，聚氨酯水泥预应力钢丝绳加固显著改善了受弯梁的截面应力分布，降低了钢筋应力，从而大幅提高结构的疲劳寿命；聚氨酯水泥预应力钢丝绳加固受弯构件的疲劳性能不完全取决于构件钢筋应力幅，还受加固层中钢丝绳预应力和聚氨酯水泥应力幅的影响。

(5) 根据简化后的材料本构关系，对抗弯加固构件进行全过程分析，包括矩形截面和 T 形截面的非线性分析。对抗弯加固计算方法进行了研究，提出了构件开裂荷载、极限承载能力、挠度和裂缝计算公式。

(6) 完成了两座桥梁的加固工作，分别采用聚氨酯水泥预应力钢丝绳和预应力钢丝绳加固，并对其进行了加固前、后的荷载试验，通过采集加固前、后应变和挠度等参数，验证了加固方法的有效性。

作　者

2021 年 8 月

目　录

第1章 绪 论

1.1 桥梁加固的背景及意义

桥梁是公路交通的重要组成部分，在公路运输中具有举足轻重的作用。随着社会经济的不断发展，交通运输日益繁忙，桥梁发挥着不可替代的作用。根据交通运输部统计结果[1]，截至2016年年底，我国共有公路桥梁80.53万座，总计4 916.97万延米。其中，特大桥梁4 257座，计753.54万延米；大桥86 178座，计2 251.50万延米。沪通大桥、港珠澳大桥等特大桥的相继贯通标志着我国桥梁建设水平已经进入世界先进行列。

随着社会经济的发展，交通运输业空前繁荣，车辆作为交通运输的载体，发生了很大变化，以车辆载重和流量增加最为明显。受快速增加的车辆荷载和酸雨、空气、温度等自然条件的影响，桥梁结构产生了裂缝、混凝土劣化、钢筋锈蚀等一系列病害。这些人为因素和自然因素使桥梁受到不同程度的影响，主要体现在结构的安全性、适用性和耐久性等方面，最后使桥梁承载能力降低，危及桥梁的长期运营。旧桥梁结构承载能力不足早已成为世界范围内的问题。

1978年和1979年，德国对大约1 500座混凝土和预应力混凝土桥梁进行了检查，其中，服役50年至60年的混凝土桥梁上部结构，至少有一处重要损伤的约占27%，至少有一处中度损伤的约占77%。服役30年至40年的混凝土桥梁上部结构，至少有一处严重损伤的约占13%，至少有一处重要损伤的约占37%，中度损伤的约占53%。运营20年至30年的混凝土桥梁上部结构，严重损伤的约占8%，重要损伤的约占24%，中等损伤的约占46%。而且，预应力混凝土桥梁较钢筋混凝土桥梁的损伤情况更严重，服役20年至30年的预应力钢筋混凝土桥梁上部结构，重要损伤的约占50%[2]。美国在1978—1981年期间对全国公路桥梁进行了调查分析。全国共有大约566 000座公路桥梁，约40%都有不同程度的损伤，由于强度降低而限制通行的桥梁有9 800座。据2003年美国联邦公路局报告，有170 050座桥梁因病害而需要加固或改造，约占全国桥梁总数的29%。1990年，英国交通运输部门对200座钢筋混凝土桥梁进行了抽样调查，约有60座桥梁“带病”服役。

我国桥梁也面临着同样问题。我国桥梁建设在改革开放初期得到了较大发展，对桥梁设计标准进行了系统编制，为桥梁工程的发展创造了条件。但是当时设计标准低，桥梁较窄，且建筑材料和施工方法比较落后。早期修建的桥梁经过几十年的运营，普遍存在老化、衰退严重的现象，大多数桥梁处于“带病”工作状态，存在巨大的安全隐患。表1-1为交通运输部公布的全国公路桥梁统计结果。截至2016年年底，全国共有桥梁805 291座，其中临时性桥梁14 489 座，危桥 71 441 座，平均每个省/市有 2 101 座危桥需要加固改造。“十二五”期间，全国完成旧、危桥加固改造 1.7 万座，共计 151 万延米，是“十一五”期间的 1.7 倍。虽然经过多年的加固改造，全国危桥总数有所下降，但是目前的危桥数量依旧很庞大。以黑龙江省和江西省为例，截至 2016 年年底，黑龙江全省共有危桥 5 986 座，2016 年全年完成农村公路桥梁改造 260 座；江西全省共有危桥 4 758 座，2016 年全年完成公路桥梁加固改造 79 座。另根据广东省 2014 年普查结果，截至 2014 年年底，广东省共有桥梁 45 196 座，其中三类、四类和五类桥梁总计 9 954 座，占桥梁总数的 22%。而且部分桥梁的承载能力比较低，不能满足交通发展的需求，桥梁结构的荷载等级有待提高。

表 1-1　2001—2016 年全国公路桥梁统计结果

年份	数量/座	永久性桥/座	危桥/座	年份	数量/座	永久性桥/座	危桥/座
2001	284 117	280 644	10 131	2009	621 907	604 631	95 742
2002	299 397	295 867	10 804	2010	658 126	641 608	93 525
2003	310 774	307 269	10 443	2011	689 417	675 122	91 798
2004	321 626	317 939	13 303	2012	713 393	699 801	90 301
2005	336 648	333 038	14 659	2013	735 291	721 467	85 991
2006	533 620	515 542	63 094	2014	757 130	743 492	79 646
2007	570 016	552 216	98 623	2015	779 159	765 456	76 483
2008	594 629	577 060	97 795	2016	805 291	790 802	71 441

近些年，桥梁结构加固技术深受国内外学者的重视，因此取得了比较丰硕的研究成果。19 世纪 80 年代初期，在布鲁塞尔和巴黎分别召开了桥梁结构加固问题的研讨会，首次将桥梁结构的加固问题列为“国际专题”。随后还召开了国际桥梁与结构会议，大会上很多学者做了有关桥梁结构检查与加固等方面的报告[3]。第 32 届美国世界桥梁展及会议于 2015 年由宾夕法尼亚工程学会组织。该会议是桥梁设计、施工、材料应用的专业研讨会及展览会。会议上学者们就桥梁设计、新材料及新技术应用进行了分析与展示，同时对新型材料和技术在桥梁加固中的应用进行了探讨。

我国的桥梁加固技术研究开展始于 20 世纪 70 年代。“旧桥检测、评估、加固技术的应用”在“七五”期间被列为科技进步计划项目。2008 年交通运输部颁布了《公路桥梁加固设计规范》(JTG/T J22—2008)和《公路桥梁加固施工技术规范》(JTG/T J23—2008)，标志着我国桥梁加固进入了标准化、规范化的时代[4]。

实践表明：采用适当的加固方法，可以使旧桥结构的承载能力得到提高，进而满足现代交通运输的需求，可以避免因拆除旧桥与重建新桥而增加工程费用。根据相关资料，旧桥加固与改造所需的资金为新建桥梁的 10%～30%[5]。世界各国工程技术人员都试图采用加固的方式来提高旧桥的使用寿命，使其承载能力得到有效保证。

1.2　上部结构常用的加固方法及评述

桥梁上部结构常用加固方法可分为两大类：一类是直接加筋类被动加固，另一类是预应力主动加固。直接加筋类被动加固是在被加固构件的受拉区域直接添加受拉补强材料，后添加的补强材料被动参与结构受力，只承受上部的活荷载和后添加恒荷载引起的内力。例如，增大截面法、粘贴纤维材料法、粘贴钢板法、钢丝绳网-复合砂浆法、改性聚合物混凝土法(MPC)等。预应力主动加固是对布置在被加固受拉区域的后添加补强材料施加预应力，形成一种预应力加固体系。例如，体外无黏结预应力钢绞线加固法和有黏结预应力钢丝绳加固法等。由表1-2可知：从工作原理来讲，预应力加固属于主动加固，后加的补强材料主动参与结构受力，依靠所施加预加力的作用，改变原梁的受力状态，从而达到补强的目的。

表1-2 主动和被动加固方法及其优、缺点

类别	加固方法	优点	缺点
直接加筋类被动加固	增大截面法	① 可靠性好； ② 提高承载力和刚度幅度大	① 施工周期长，需要停止交通；湿作业工作量大，施工养护期时间长； ② 增加结构自重大
	粘贴钢板法	① 刚度提高明显； ② 施工简便	① 钢板很难适应混凝土表面轮廓； ② 抗腐蚀能力弱； ③ 黏结破坏时钢材强度无法充分发挥
	粘贴纤维材料法	① 材料自重小； ② FRP抗拉强度高； ③ 抗腐蚀能力强； ④ 施工方便	① 材料成本高； ② 对刚度提高不明显； ③ 发生黏结破坏，纤维材料强度无法充分发挥
	钢丝绳网-复合砂浆法	① 材料自重小； ② 抗腐蚀能力强	发生黏结破坏时钢丝绳材料强度无法充分发挥
	改性聚合物混凝土法	① 材料自重轻； ② 抗腐蚀能力强； ③ 施工快速、便捷	对开裂的主梁裂缝无法进行封闭
预应力主动加固	预应力钢绞线加固法	刚度、承载能力提高明显	① 受现场环境影响大； ② 锚固端安全性低； ③ 施工非常麻烦
	预应力钢丝绳加固法	① 刚度、承载能力提高明显； ② 施工便捷	复合砂浆容易开裂、脱落，影响钢丝绳和原梁钢筋的耐久性

(1) 增大截面法

增大截面法俗称外包混凝土法，通过增大截面面积以增大主梁的刚度，新增截面内部补强钢筋达到提高桥梁承载能力的目的。凿毛旧混凝土以保证新、旧混凝土之间能有效黏结[6]。

增大截面法是一种传统的加固方法，其优点是有长期的使用经验、施工简单、适应性强。其缺点是湿作业工作量大、施工养护期时间长、自重增加大、对交通影响大。

(2) 粘贴钢板法

粘贴钢板法是将钢板通过粘钢胶和高强螺栓粘贴到被加固构件表面，使钢板和被加固构件形成整体,共同参与结构受力。钢板的加劲作用使梁的抗弯承载能力和限制裂缝能力都有较大改变[7]。

该方法的优点是可以充分发挥钢材的抗拉性能和圬工材料抗压性能,施工简便,施工周期短,对交通影响小。其缺点是钢板很难适应不平整的混凝土表面,而且在自然环境中容易被锈蚀。

(3) 粘贴纤维材料法

粘贴纤维材料法是用环氧树脂胶将高强纤维材料粘贴到被加固构件表面,利用纤维材料的高抗拉强度,使主梁承载能力得到提高[7]。市场上加固用纤维材料多数为碳纤维材料。碳纤维加固包括碳纤维布和碳纤维板两种。碳纤维复合材料具有轻质、高强、耐腐蚀等特点。除此之外,常用的粘贴纤维材料还有芳纶纤维和玻璃纤维等。

该加固方法施工简单,对原结构整体影响小,同时这种加固方法效率高,质量容易控制。在微观方面,碳纤维复合材料物化性质稳定,可以抵抗恶劣的环境。其缺点是碳纤维布/板比较薄,对结构刚度提高不明显,材料成本高。

(4) 钢丝绳网-复合砂浆法

钢丝绳网-复合砂浆法是将高强钢丝绳网片固定于被加固构件表面后喷涂或浇筑复合砂浆以提高主梁承载能力的桥梁加固方法[8-10]。为了使复合砂浆与主梁更好地黏结,在喷涂复合砂浆之前首先将混凝土凿毛并清理干净,然后在其表面涂抹界面剂来增强黏结作用。通常使用的钢丝网中钢丝绳的直径为3～4 mm,质地柔软,有利于现场施工。

该加固方法优点是施工简便、对结构影响小、适应性强。其缺点是钢丝绳的应变延迟,钢丝绳网-复合砂浆在受力过程中容易发生剥离破坏,钢丝绳的高强度无法充分发挥。

(5) 改性聚合物混凝土法

改性聚合物混凝土法是在结构被加固表面浇筑轻质、高强、高韧性改性聚合物混凝土来提高主梁的刚度和承载能力[11-13]。该方法施工快速便捷,能够大幅缩短交通限制时间。聚合物混凝土材料具有高黏结强度,能很好地黏结普通水泥混凝土或者钢材。目前国内部分科研院校对该方法已展开相关研究,交通管理部门已利用聚合物混凝土法对部分危、旧桥进行了加固。

改性聚合物混凝土法是一种新型的加固方法,具有施工简便、施工周期短、能够大幅缩短交通限制时间等优点。其缺点是该方法属于被动加固法,无法将开裂的主梁裂缝封闭。

(6) 预应力钢绞线加固法

预应力钢绞线加固法是通过预应力钢绞线在桥梁外部进行连接,在桥梁端部和横隔板位置完成锚固转向的,从而使桥梁与体外预应力钢绞线共同工作[14-16]。通过预拉钢绞线使梁结构中产生偏心压力,抵消部分外荷载产生的内力,最终使结构变形和裂缝宽度减小,结构受力得到良好改善。

该加固方法的优点是承载能力和刚度提高比较明显,但是存在受现场和构件影响大的缺点,而且施工非常麻烦。

(7) 预应力钢丝绳加固法

预应力钢丝绳加固法是将预应力钢丝绳锚固在被加固梁上,同时喷注复合砂浆将其与被加固梁黏结为一体的有黏结预应力加固方法[17-21]。该加固方法与钢丝绳网片-复合砂浆加固法相比,能够充分发挥钢丝绳的抗拉强度,材料的利用率得到大幅提高,不会因为砂浆薄层剥离破坏而失效。预应力钢丝绳加固法中的锚具直接焊接在主梁端部钢筋上，张拉钢丝绳采用较小的张拉机具即可完成，如手拉葫芦、紧线器等，操作方便、快捷。

该加固方法是一种主动加固法，提高主梁刚度和承载力较为明显，且比预应力钢绞线加固法操作简单、快捷，能够大幅降低交通限制时间。其缺点是钢丝绳外侧喷射的砂浆或复合砂浆弯拉强度低，在加固前原梁的裂缝处出现大量裂缝，这样既影响预应力钢丝绳的耐久性，又影响原结构钢筋的耐久性。

从受力状态来讲，预应力加固属于主动加固，具有被动加固无法比拟的优越性。预应力施加在结构体外，以预加力产生的反弯矩抵消部分结构外荷载产生的内力，使结构产生反向拱度，其最大的特点是刚度和承载能力提高明显。但是体外无黏结预应力钢绞线加固施工比较烦琐，钢绞线张拉需要大型的张拉设备。锚固端低安全性影响加固后桥梁的性能。预应力钢丝绳加固法具有主动加固的优点，与无黏结预应力钢绞线加固法相比施工简单、便捷，采用较小的张拉机具即可完成现场张拉，而且受现场和构件情况影响小。与钢丝绳网片-复合砂浆法相比较，能够充分发挥钢丝绳的抗拉强度，不会因为钢丝绳网片-复合砂浆薄层提前发生剥离破坏而失效。由于预应力钢丝绳两端锚固在梁体端部锚具上，同样的，像粘贴高强片材(钢板、纤维板、纤维布)时发生片材脱胶而导致粘贴材料无法充分利用的现象不会发生。

目前预应力钢丝绳加固通常在加固梁表面喷涂或者浇筑砂浆、复合砂浆，将钢丝绳嵌入砂浆或复合砂浆。一方面，复合砂浆通过界面剂与混凝土黏结在一起，复合砂浆中的钢丝绳通过复合砂浆与混凝土梁共同受力，组成有黏结加固体系。另一方面，复合砂浆可以将钢丝绳与自然环境隔离，提高钢丝绳的耐久性。近几年随着预应力钢丝绳加固法在桥梁加固工程中的不断应用，复合砂浆作为钢丝绳的嵌入材料也暴露了一些缺点。一方面，由于复合砂浆抗弯折强度低，在车辆荷载作用下，复合砂浆会沿着原混凝土梁裂缝开裂，使钢丝绳和加固梁钢筋反复暴露在自然环境中，严重影响其耐久性，尤其是处于高应力状态下的预应力钢丝绳。此外，复合砂浆本身与混凝土黏结效果并不理想，通常情况下会涂抹环氧类界面剂加以辅助，即便是这样，在车辆荷载往复作用下，局部复合砂浆会出现脱落现象。

1.3 聚氨酯水泥-预应力钢丝绳加固混凝土结构的提出

本书提出聚氨酯水泥-预应力钢丝绳加固钢筋混凝土结构，在加固梁表面张拉锚固钢丝绳，再通过浇筑聚氨酯水泥复合材料，将钢丝绳嵌入聚氨酯水泥复合材料，形成钢丝绳主动受力与聚氨酯水泥被动受力相结合的加固方法。

聚氨酯水泥复合材料属于聚合物混凝土材料，具有质量轻、强度高、韧性高的特点，且材料本身具有较高的黏结强度和良好的耐酸碱腐蚀性。国内部分科研院校对聚合物混凝土加固已展开相关研究，交通管理部门已将聚合物混凝土应用于部分旧桥加固中。前面提到的聚合物混凝土加固法属于被动加固法，结合有关室内试验和实际工程不难发现，聚合物混凝土加固无法封闭预先开裂的主梁裂缝，也会出现被动加固中加固材料应变滞后的现象。聚氨酯水泥-预应力钢丝绳加固法是在聚合物混凝土中嵌入预应力钢丝绳，可以解决被动加固时预先开裂裂缝无法主动封闭的问题。用聚氨酯水泥代替复合砂浆作为预应力钢丝绳的嵌入材料，不但可以解决复合砂浆开裂、脱落导致加固梁耐久性降低的问题，而且材料本身可以对主梁补强。

1.4 国内外研究现状

1.4.1 钢丝绳加固

用于结构加固的钢丝绳为小直径、高强度、低松弛的钢丝绳，因其柔软，故便于施工，近年来被广泛用于结构加固中。

S. K. Kim 等[22-23]首先提出用钢丝绳进行混凝土梁抗剪加固，采用竖向布置和斜向布置两种形式分别对不同剪跨比的混凝土梁进行了抗剪加固试验，用于试验的钢丝绳明显抑制了梁裂缝的开展，相比于竖向布置，斜向布置的钢丝绳效果更显著。

K. H. Yang 等[24-25]利用钢丝绳作为箍筋对矩形截面钢筋混凝土柱进行体外加固，以钢丝绳布置间距为变量，钢丝绳加固后的柱子的承载能力和延性均明显提高。

Y. Haryanto 等[26]分别采用 2 根和 4 根钢丝绳对 T 形截面梁进行抗弯加固，加固后梁的延性较未加固梁降低，但是承载能力明显提高，且随着钢丝绳配筋率的增大而增加。

刘伟庆等[27]以混凝土强度等级、偏心距和钢丝绳含量等为设计参数分别对钢丝绳-聚合物砂浆加固混凝土柱进行加固，试验过程中分别考虑大偏心受压和小偏心受压情况，分析了柱子破坏形态、承载能力和变形性能等，认为小偏心受压柱承载力提高的主要原因是横向钢绞线对核心混凝土的有效约束，大偏心受压柱承载力提高的主要原因是纵向钢绞线参与受拉以及横向钢绞线对混凝土约束作用的共同影响，同时提出用约束混凝土等效强度来表征矩形截面的混凝土强度，用含钢绞线特征值来反映钢绞线网对混凝土的约束效果。

钟聪明[28]对 3 个不同轴压比试件进行加固试验，结果表明：钢丝绳-复合砂浆能够有效地约束原有混凝土，承载能力、延性均有不同程度提高，原构件在地震作用下的耗能能力平均约增大了 1.6 倍，同时给出了加固柱的正截面计算方法。

马强[29]利用钢丝绳对不同损伤程度混凝土梁进行抗剪加固，加固后梁的受剪承载力和剪切刚度提高较为显著，表明该方法能够较好地抑制斜裂缝的发展。

G. H. Xing 等[30]发现抗剪承载力受持载影响，通常情况下，所持荷载越高，加固后构件的承载力提高幅度越小，且构件的刚度和延性越差。

刘鸣等[31]、付国等[32]利用钢丝绳编织成的钢丝绳网片进行混凝土梁的抗弯加固试验研究，钢丝绳网嵌入复合砂浆与加固梁混凝土形成整体，加固后梁的承载能力明显得到提高，结构的破坏形式为复合砂浆钢丝绳网片与混凝土的剥离破坏，导致钢丝绳加固材料力学性能并没有得到充分发挥。

黄华等[33]考虑混凝土强度、原梁配筋率、钢绞线用量和二次受力等因素对加固性能影响，认为屈服强度、极限强度随着混凝土强度、原梁配筋率和钢丝绳用量的提高而有所增大，但是挠度随之降低，构件延性变差；同时在二次受力加固构件以首次荷载发生屈服为界限，未屈服构件受持载程度影响不大，而屈服构件随持载程度增大，力学性能得到较大幅度提升。

为了解决砂浆与原混凝土构件之间黏结破坏的问题，对该问题的研究主要集中在抗剪连接件的设置上。尚守平等[34]进行了大量的销钉抗剪试件的界面剪切试验研究，分析了销钉直径、数量、间距和锚固深度等对抗剪强度的影响，设置销钉能够延缓复合砂浆钢筋网片加固层与混凝土的剥离破坏。李淼[35]对钢丝绳网-聚合物砂浆加固层与混凝土截面黏结机理进行分析，由于砂浆强度较低，试件均发生高强钢丝绳拔出破坏。

1.4.2　预应力钢丝绳加固

为了充分发挥钢丝绳的性能，H. Y. Yang 等[36]利用 T 形截面钢板对钢丝绳进行锚固，发现 T 形截面钢板的锚固对防止混凝土剥落和纵向钢筋屈曲非常有效，有砂浆层的钢丝绳加强梁极限承载力至少是无黏结预应力钢丝绳加强梁的 2.5 倍。

J. L. Sim 等[37]以剪跨比、预应力值、钢丝绳布置角度和间距为变量对矩形混凝土梁进行抗剪加固试验研究。初始应力越大，剪切增强效果越明显，且混凝土的主拉应力随着钢丝绳预应力的增大而减小，同时倾斜布置钢丝绳比同等条件下垂直布置钢丝绳的增强效果更加显著。

S. Y. Kim 等[38]利用无黏结预应力钢丝绳对砌体墙进行抗折试验研究，发现预应力钢丝绳能够明显提高砌体墙的平面剪切强度和延性，且倾斜布置钢丝绳对提高延性更有利，预应力不但提高了结构的抗裂能力，而且提高了结构的整体刚度水平。

G. Wu 等[39]首先将预应力钢丝绳加固法应用到梁体加固中，将预张拉的钢丝绳锚固在自行设计的锚具中，同时钢丝绳表面覆盖复合砂浆层，使加固梁混凝土、复合砂浆和钢丝绳形成整体。加固后的混凝土梁承载力有了明显提高，且具有较好的延性，结构破坏形式为梁顶面混凝土压碎破坏或者钢丝绳断裂破坏，与非预应力钢丝绳加固相比加固效率明显提高。

许心怡[40]进行了混凝土加固梁(采用预应力钢丝绳加固)抗剪试验研究，对不同加固形式的抗剪加固梁、弯剪组合加固梁和基准梁进行了梁体破坏现象和特征分析。

程先春等[41]利用有限元程序 Open Sees 对横向张拉预应力钢丝绳加固混凝土节点进行数值模拟，研究结果表明随着预应力张拉力的增大，梁端的弹性刚度增大，并有较大的屈服后刚度。

汪小鹏等[42]对空心板梁按照 1/2 比例缩尺模型进行预应力钢丝绳网片-聚合物砂浆抗弯加固试验研究，加固件破坏前应变变化符合平截面假定，而破坏过程中应变发生突变。在预应力钢丝绳-复合砂浆加固梁抗弯试验过程中均出现复合砂浆开裂现象，加载初期是均匀的多条横向裂缝，随着荷载增大，裂缝逐渐扩大，到加载后期，沿着钢丝绳方向出现多条纵向裂缝。

张鹏飞等[43]对某 T 形梁桥进行预应力钢丝绳-复合砂浆加固，加固前、后分别对该桥进行了桥梁静力荷载试验，认为加固后桥梁的承载能力和刚度均有明显提高，劣化的桥梁经过加固达到了公路Ⅱ级荷载要求，获得了预期的加固效果。

黄华[44]对加固后的东关大桥进行耐久性现场观测，发现各梁加固层砂浆均不同程度开裂，最大宽度为 0.15 mm，平均间距为 150 mm，裂缝形状为垂直纵桥向、两侧贯通的 U 形裂缝，一部分为收缩裂缝，一部分为受力裂缝。

1.4.3　聚合物混凝土加固

聚氨酯是一类具有耐磨、耐高温、综合力学性能好等优良性能的合成材料，其应用十分广泛。国内外学者对其作为建筑材料时的优良性能展开了一系列研究。

王传勇等[45]将不同比例的普通硅酸盐水泥和超细水泥添加到双组分聚氨酯中，观察熟化时间，同时测试其黏结强度、抗压强度、抗折强度，得到用于加固煤矿岩体的注浆材料，达到行业标准。

李兴贵等[46]对水泥砂浆进行改性，与河沙和普通硅酸盐水泥混合，试验研究了其强度、耐久性等性能，聚氨酯改性水泥砂浆的抗渗性能、抗冻性能、抗干缩性能等显著优于普通水泥砂浆。聚氨酯改性水泥砂浆的强度和流动性由于掺入减水剂而显著提高。

郄录朝等[47]灌注聚氨酯发泡材料来形成聚氨酯固化道床，同时进行冻融试验和疲劳试验，发现聚氨酯固化道床残余变形小，弹性更持久，降低了维修成本。

刘嫁琛[48]将粉煤灰与聚氨酯掺配，研制了聚氨酯粉煤灰复合材料(PUFA)，利用PUFA进行现役钢拱桥抗震加固，试验研究结果表明 PUFA 除了质量轻和韧性好外，与混凝土材料之间的黏结拉伸试验也获得了理想的效果。此外，该材料物理性能、化学性能良好，如抗渗性和防腐性。

邓晓琼[49]将聚氨酯粉煤灰应用于桥墩加固中，同时利用 ABAQUS 软件对外包聚氨酯粉煤灰加固桥墩进行抗震非线性分析，分析结果表明加固后的桥墩的抗震性能明显提高。

杨永清等[50]对浇筑聚氨酯混凝土加固后的桥梁性能进行研究，结果表明采用聚氨酯混凝土加固后的空心板桥梁荷载横向分布影响线较加固前平缓，桥梁横向整体受力性能得到显著提高。

王剑琳等[51]配制了聚氨酯混凝土复合材料(MPC)，对浙江宁波甬台温高速公路白溪大桥进行了聚氨酯混凝土复合材料加固，结果表明聚氨酯混凝土材料能够较好地提高结构的承载能力，施工作业时不中断交通。

张宏祥等[52]对采用聚氨酯混凝土材料加固后桥梁的承载能力进了试验研究，结果表明采用聚氨酯混凝土材料加固后的桥梁承载能力和刚度有较大幅度提高。

高峰[53]对 13 m 空心板梁进行 MPC 复合材料抗弯加固试验研究，整个试验过程中 MPC 材料与混凝土之间未出现滑移；建立 MPC 加固后空心板梁的应变与抗弯承载力之间的关系。同时验证了采用 ANSYS 软件模拟分析 MPC 加固 RC 梁的可行性。谷丹丹等[54]、郭建才[55]对加固后的空心板梁桥进行了荷载试验，试验结果表明加固后结构的强度和刚度有明显的提高。

H. K. Hussain 等[56-57]、G. Liu 等[58]利用聚氨酯与粉煤灰进行材料复合得到聚氨酯水泥(PUC)复合材料，对复合材料进行了抗折、抗压试验，得到了不同密度时材料的应力-应变关系曲线，同时对材料的弹性模量、泊松比、与混凝土之间的黏结强度等进行了试验研究。在材料研究基础上对 7 根 T 形截面梁进行不同破坏程度时的抗弯加固试验研究，结果表明利用聚氨酯水泥(PUC)复合材料加固梁能够明显提高梁的极限承载能力，使裂缝明显减少。

H. K. Hussain 等[56-57]对以粉煤灰为填充材料、聚氨酯为胶凝材料的聚氨酯水泥(PUC)材料进行了抗折试验、抗压试验和与混凝土的黏结试验，作为结构加固材料，在其服役期内承受车辆疲劳荷载和环境温度的影响。因此，对加固材料开展疲劳性能研究和温度影响下的力学性能研究显得尤其重要。

聚氨酯水泥具有轻质，高强，韧性好，黏结性能强和良好的抗冻性能、抗渗性能、防腐性能等优点。以聚氨酯水泥材料作为钢丝绳的嵌入材料，使混凝土、聚氨酯水泥和预应力钢丝绳形成整体，从而充分发挥各种材料的优良性能。聚氨酯水泥作为钢丝绳的嵌入材料，能够提高钢丝绳的耐久性，同时作为补强材料提高主梁强度。

1.5 亟待解决的问题和本书主要研究内容

1.5.1 亟待解决的问题

近些年预应力钢丝绳加固常采用砂浆或复合砂浆作为钢丝绳嵌入材料，随着预应力钢丝绳在桥梁加固工程中不断应用，以砂浆或复合砂浆作为钢丝绳的嵌入材料在工程实践中暴露出一些缺点。例如，较低抗拉强度的复合砂浆沿主梁混凝土裂缝开裂，使高应力状态下的钢丝绳和原梁主筋的耐久性受到严重威胁；复合砂浆与混凝土之间的黏结效果并不理想，通常情况下涂抹环氧类界面剂进行辅助，即便如此，在车辆荷载往复作用下局部复合砂浆会出现脱落现象；预应力钢丝绳梁端部锚具通常与钢筋混凝土主筋焊接连接，设置大量张拉预应力钢丝绳对锚固端受力不利。

本书首次将聚氨酯水泥材料——聚合物混凝土作为钢丝绳嵌入材料，形成一种新型的聚氨酯水泥-预应力钢丝绳加固方法。虽然国内外对复合砂浆预应力钢丝绳加固进行了试验研究和工程实践，但是因为复合砂浆抗拉强度较低，复合砂浆不承担拉力，仅对钢丝绳起黏结锚固作用。聚氨酯水泥材料较复合砂浆具有更优良的力学性能，作为钢丝绳嵌入材料能够参与结构受力，成为预应力加固的额外被动补强材料。

针对聚氨酯水泥-预应力钢丝绳加固，有以下问题亟待解决：

(1) 目前关于聚氨酯水泥材料——聚合物混凝土的研究不够全面。文献中仅对材料的抗压强度、抗折强度进行研究，以材料抗折过程中的本构关系来计算和模拟材料加固补强过程不够准确，应找出材料的轴向拉伸本构关系，以便确定加固材料在加固过程中的更准确的受力模式。我国北方地区冬季和夏季的温差比较大，缺乏不同气温环境对材料本构关系影响的深入研究。除了环境温度，加固梁还承受自然界中酸、碱的侵蚀，如酸雨等。材料对酸、碱的耐受能力影响加固层中钢丝绳的耐久性，因此，对材料耐酸、碱腐蚀性能的研究具有深远的意义。

(2) 聚氨酯水泥-预应力钢丝绳抗弯加固理论与试验研究缺乏。目前国内学者针对有黏结预应力钢丝绳加固进行了试验研究，均假定复合砂浆不承受拉力而仅对钢丝绳起黏结锚固作用。对参与受力的钢丝绳嵌入材料未进行试验研究，缺少理论方法指导结构加固设计和理论分析。

(3) 浇筑聚氨酯水泥后形成的聚氨酯水泥-预应力钢丝绳加固层共同承受梁体产生的荷载，除承受恒荷载外，还有反复作用的活荷载，目前关于加固梁的疲劳性能的研究较为缺乏。加固层中聚氨酯水泥和钢丝绳的疲劳寿命在某种程度上影响梁的使用时间，有必要确定在规定疲劳荷载作用下结构的疲劳寿命和破坏形式。另外，针对疲劳荷载作用下梁体加固材料的应变、挠度等参数应进行系统研究。

(4) 以聚氨酯水泥为被动补强材料加固实际工程的效果有待验证。为了保证焊接锚具安全，降低梁体张拉钢丝绳的用量是一种直接、有效的方法。聚氨酯水泥作为被动补强材料能够在一定程度上弥补减少钢丝绳带来的强度和刚度损失，验证聚氨酯水泥材料作为钢丝绳嵌入材料的补强效果对材料和加固结构的深入研究具有深远的影响。

1.5.2 本书主要研究内容

本书从聚氨酯水泥材料性能着手，通过开展抗压试验、抗折试验、轴向拉伸试验来确定材料的本构关系，同时对环境温度和酸、碱因素对材料的影响进行研究；在室内聚氨酯水泥-预应力钢丝绳抗弯加固静载试验研究、疲劳试验研究及数值分析基础上，对两座实际桥梁进行加固前、后的荷载试验，通过比较室内试验数据和实桥荷载试验结果，更好地解释了实桥加固前、后受力性能的变化规律，同时积累了一定的工程经验。

本书主要研究内容如下：

(1) 通过抗压试验、抗折试验和轴向拉伸试验，得到了相应的应力-应变关系曲线；通过材料与混凝土轴向拉伸黏结试验和弯折黏结试验，得到不同受力形式下的黏结强度和破坏模式；对不同环境温度下的材料进行轴向拉伸试验，得到环境温度对材料本构关系的影响规律；将聚氨酯水泥材料放入不同浓度的酸、碱溶液中，通过测试试件质量损失及表面观察来分析材料耐酸、碱腐蚀性能。

(2) 对16根钢筋混凝土T形截面梁进行聚氨酯水泥-预应力钢丝绳室内抗弯加固试验研究。分析了钢丝绳嵌入材料、钢丝绳锚固形式、是否预裂、聚氨酯水泥厚度、钢丝绳数量等对加固钢筋混凝土梁的裂缝、屈服荷载、极限荷载以及刚度等的影响。

(3) 对室内模型试验梁进行数值模拟分析，在验证试验结果基础上分析了混凝土强度和原梁配筋率对钢筋混凝土梁抗弯刚度和承载能力的影响。

(4) 对8根钢筋混凝土T形截面梁进行聚氨酯水泥-预应力钢丝绳抗弯加固，并对梁进行疲劳试验研究，研究不同钢丝绳嵌入材料、不同应力幅值、不同预应力水平下的疲劳性能，包括破坏形式、应力变化、损伤累计及疲劳寿命分析，并对未断裂构件进行剩余承载能力分析。

(5) 根据简化的材料应力-应变关系曲线，对抗弯加固构件进行全过程分析，包括矩形截面和T形截面的非线性分析。对抗弯加固计算方法进行研究，提出构件的开裂荷载、极限承载能力、挠度和裂缝的计算公式。

(6) 对采用聚氨酯水泥-预应力钢丝绳加固桥梁和预应力钢丝绳加固桥梁进行加固前、后的车辆静力荷载试验，通过采集加固前、后的应变和挠度等参数，验证加固方法的有效性。

第 2 章　聚氨酯水泥材料性能研究

2.1　原料及配合比

2.1.1　聚氨酯

聚氨酯水泥是一种聚合物混凝土材料，其主要成分是聚氨酯（图 2-1、图 2-2）。聚氨酯是一种性能优良的聚合物，主要由异氰酸酯和聚醚多元醇聚合而成，其化学成分见表 2-1。

图 2-1　聚氨酯水泥材料搅拌图

图 2-2　聚氨酯水泥材料浇筑图

表 2-1　聚氨酯的化学成分（质量分数）

化学成分		百分比/%
多元醇	聚醚	49
	硅油	1
	水	0～1
异氰酸酯		49～50

聚氨酯的硬度范围为 0～100(IRHD)，其中 0(IRHD)代表弹性模量为 0，100(IRHD)代表弹性模量为无穷大。聚氨酯材料具有良好的耐磨性、耐化学腐蚀性、流动性、黏结性和成模性能[59]。通过测量新材料的密度研制了一系列聚氨酯水泥材料。

2.1.2 聚氨酯水泥

聚氨酯水泥原材料按照质量比例混合发生聚合反应，$m_{多元醇}:m_{异氰酸酯}:m_{水泥}=1:1:2$，配制高密度聚氨酯水泥，见表 2-2。在配合比中，聚醚多元醇、异氰酸酯和水泥是主要原料，聚氨酯水泥在干燥环境中养护 7 d。

表 2-2 聚氨酯水泥的化学成分(质量分数)

聚氨酯水泥	百分比/%
聚醚多元醇	25
异氰酸酯	25
水泥	50

2.2 力学性能试验

2.2.1 抗折试验和抗压试验

本书根据基础研究来预测聚氨酯水泥的力学性能。首先，材料的组成有多样性，根据聚氨酯组成的混合比例不同能够生产不同密度的聚氨酯水泥。根据《公路工程水泥及水泥混凝土试验规程》(JTG E30—2005)[60]对不同系列的聚氨酯水泥试件进行抗压强度试验。计算得出不同密度聚氨酯水泥的抗压强度和抗折强度，根据结果选取抗压强度和抗折强度较高的密度为 1 550 kg/m^{3}的聚氨酯水泥作为研究对象。

将密度为 1 550 kg/m^{3}的聚氨酯水泥表示为 PUC-1550，配合比见表 2-2。抗压强度测试采用 70 mm×70 mm×70 mm 的立方体试模，抗折强度采用 450 mm×100 mm×100 mm 的长方体试模。在立方体试块的表面分别沿水平方向和竖直方向粘贴电阻应变片，测量立方体试块受压过程中水平方向和竖直方向材料的应变变化。长方体试块在中心位置沿着水平方向分别在顶面、底面和中间位置布置电阻应变片，测试试件在抗折试验过程中顶缘和底缘的应变变化。

首先将聚氨酯原料和水泥按照质量比例倒入容器，用电动搅拌棒搅拌 3 min，使材料混合均匀，然后倒入钢试模，在干燥条件下养护 7 d。

根据规范《公路工程水泥及水泥混凝土试验规程》(JTG E30—2005)进行聚氨酯水泥材料抗压强度试验和抗折强度试验，图 2-3 和图 2-4 为立方体聚氨酯水泥抗压强度和抗折强度试验图，电阻应变片粘贴于立方体试块和长方体试块表面以测量加载过程中的应变值。

聚氨酯水泥 PUC-1550 的抗压强度和抗折强度见表 2-3 和表 2-4。

由表 2-3 可知：密度为 1 507～1 588 kg/m^3 的聚氨酯水泥的抗压强度为 57.8～60.6 MPa，密度平均值为 1 552 kg/m^3，抗压强度平均值为 59.3 MPa。

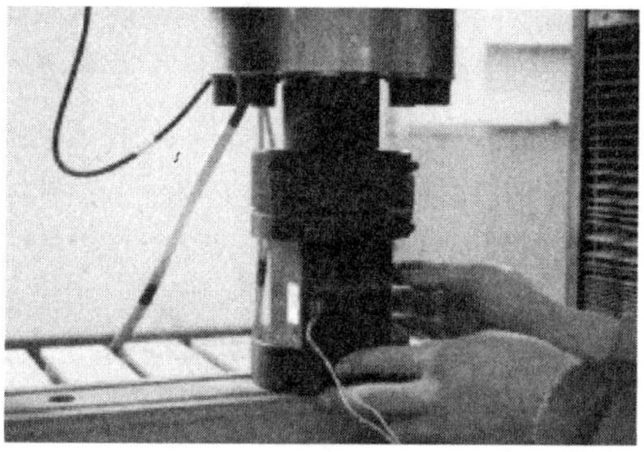

图 2-3　聚氨酯水泥抗压强度试验图

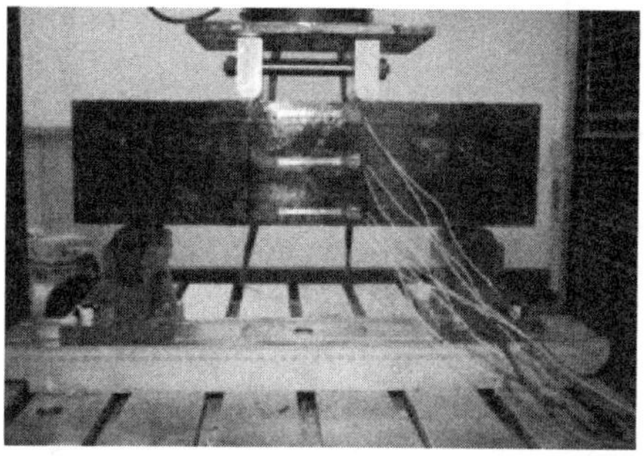

图 2-4　聚氨酯水泥抗折强度试验图

表 2-3　聚氨酯水泥 PUC-1550 的抗压强度

编号	C01	C02	C03	C04	C05	C06	平均值
密度/(kg/m^3)	1 507	1 524	1 544	1 568	1 579	1 588	1 552
抗压强度/MPa	60.6	57.8	59.3	59.6	59.5	59.0	59.3

由表 2-4 可知：密度为 1 524～1 584 kg/m^3 的聚氨酯水泥的抗折强度为 39.6～43.3 MPa，密度平均值为 1 548 kg/m^3，抗折强度平均值为 41.5 MPa。

表 2-4　聚氨酯水泥 PUC-1550 的抗折强度

编号	F01	F02	F03	F04	F05	F06	平均值
密度/(kg/m^3)	1 524	1 533	1 546	1 560	1 577	1 584	1 548
抗折强度/MPa	42.2	39.6	40.8	41.1	43.3	41.9	41.5

试验采用万能试验机加载，试件有 6 个，采用动态应变采集仪进行数据采集，应变数值为 2 个电阻应变片测量值的平均值，各个试块的抗压应力-应变关系曲线如图 2-5 所示。根据各个试块的测量结果得到抗压应力-应变关系曲线，如图 2-6 所示。在加载初始阶段，应力-应变关系曲线基本呈直线，抗压强度平均值为 59.3 MPa，此时应变为 27 956 $\mu\varepsilon$；加载后期，应力-应变关系曲线为非直线，破坏时的应变为 34 612 $\mu\varepsilon$。

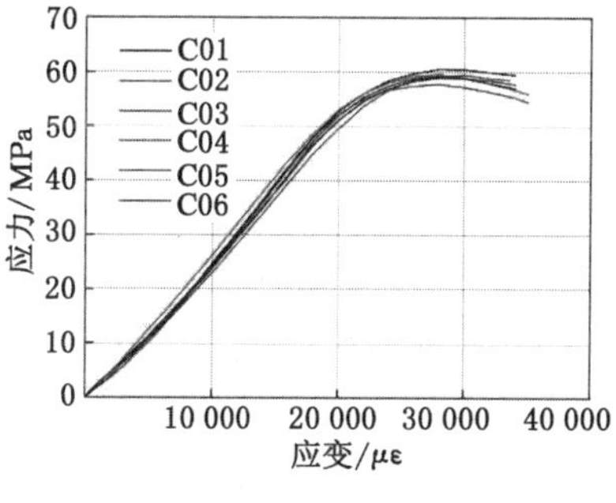

图 2-5　抗压应力-应变关系曲线

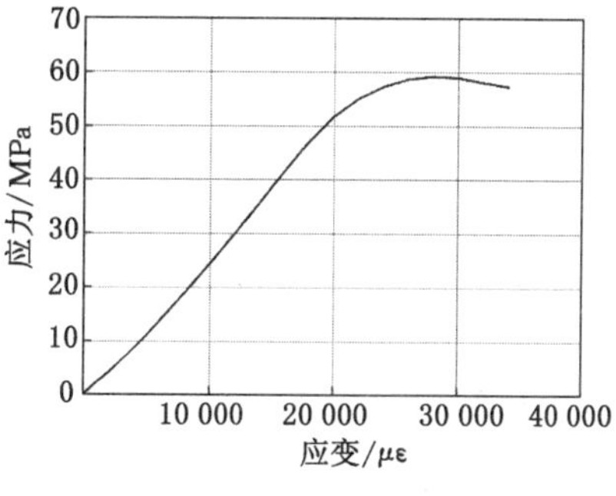

图 2-6　抗压应力-应变关系曲线(平均值)

抗折试件为长方体试块(6 个)，均在干燥条件下养护 7 d。应变采集利用动态应变采集仪进行数据采集，电阻应变片分别粘贴在试块的顶面、底面和中间位置，顶面测量试件弯折过程中的压应变，底面测量试件弯折过程中的拉应变，应变数值为每个试块上 2 个电阻应变片测量值的平均值，各个试块的抗折应力-应变关系曲线如图 2-7 所示。根据各个试块的受拉测量结果得到受拉的应力-应变关系曲线，如图 2-8 所示，平均抗拉强度为41.5 MPa。根据应力-应变关系曲线计算得到弯拉弹性模量为 4 300～5 200 MPa。

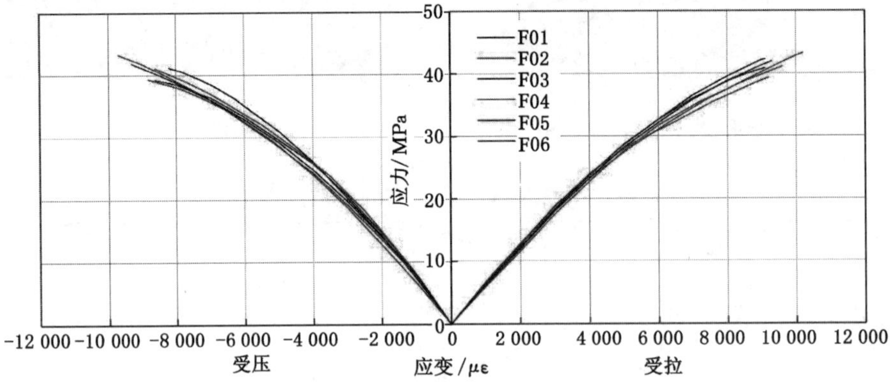

图 2-7　抗折应力-应变关系曲线

根据抗折试件的受拉侧应力-应变关系曲线，如图 2-9 所示，拟合公式如下：

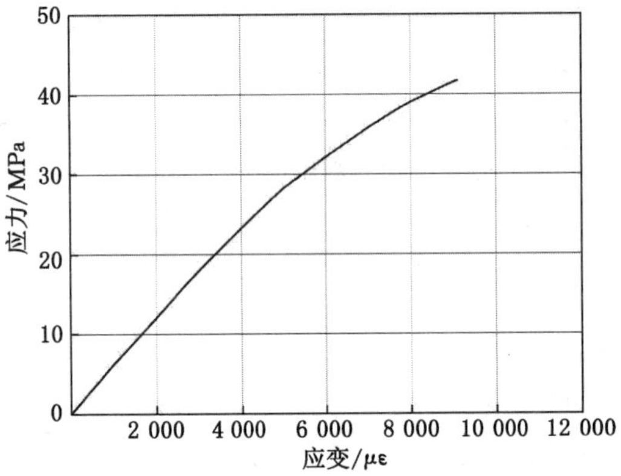

图 2-8　受拉应力-应变关系曲线(平均值)

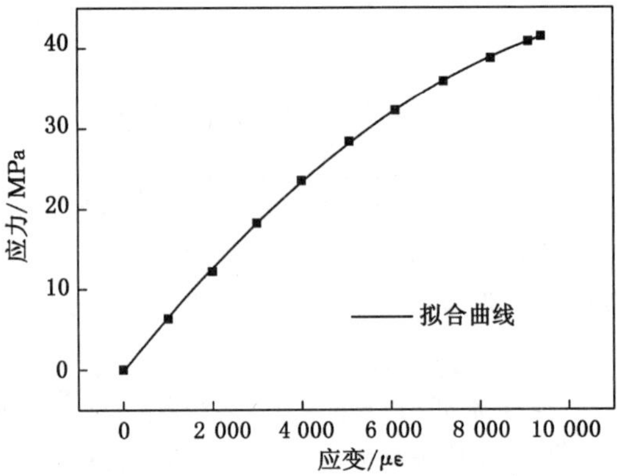

图 2-9　受拉侧应力-应变关系曲线

$$\sigma = -268\,870.3\varepsilon^2 + 6\,954.1\varepsilon - 0.237 \quad (R^2 = 0.999) \tag{2-1}$$

聚氨酯水泥的泊松比如图 2-10 所示，泊松比的平均值为 0.27。

2.2.2　材料直接拉伸试验

2.2.2.1　试件制作

本试验的试件为哑铃形薄片试件[61-63]，尺寸如图 2-11 所示，试件厚度为 10 mm，中间宽度为 25 mm，两侧宽度为 40 mm。浇筑过程中的试模自行设计，如图 2-12 所示。在小量程试验机上进行拉伸试验，加载速度为 50 N/s。在试件中间位置粘贴电阻应变片，沿着拉伸方向在两个对面对称粘贴，测量拉伸过程中的应变变化，采用动态应变采集仪进行数据采集。

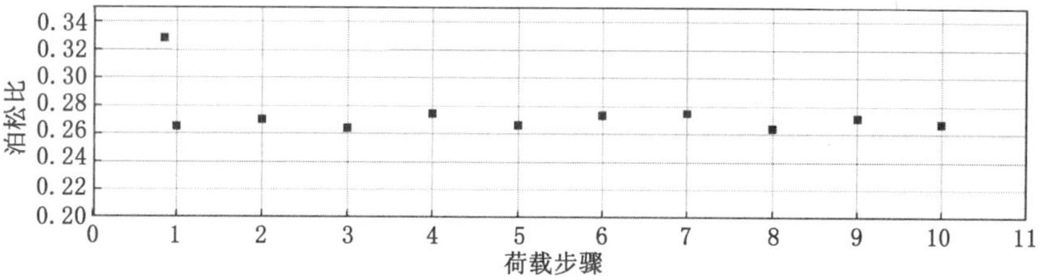

图 2-10　聚氨酯水泥的泊松比

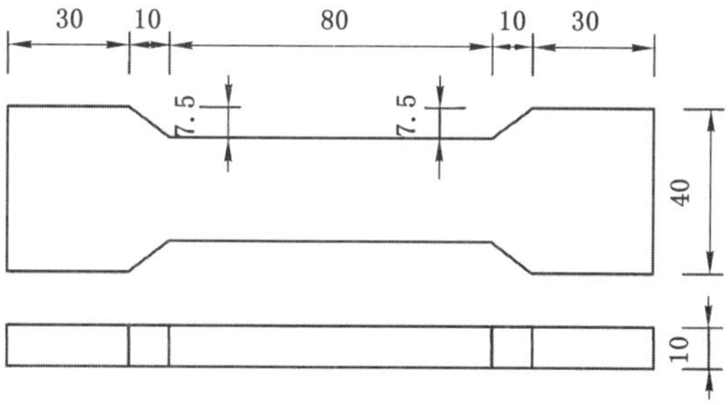

图 2-11　聚氨酯水泥轴向拉伸试件尺寸(单位:mm)

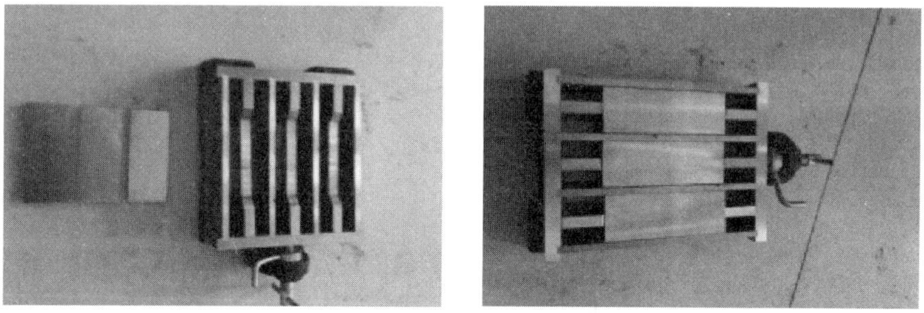

(a) 拆解图　　(b) 组装图

图 2-12　哑铃形试件钢模板

2.2.2.2　试验结果

表 2-5　聚氨酯水泥轴向拉伸强度　　单位:MPa

编号	ZL01	ZL02	ZL03	ZL04	ZL05	ZL06	平均值
轴向拉伸强度	30.5	31.8	31.0	32.1	31.6	28.9	31.0

聚氨酯水泥轴向拉伸强度平均值为 31.0 MPa(表 2-5),根据应力-应变关系曲线计算得出直拉弹性模量为 4 200～5 700 MPa。

根据试验过程中采集的拉伸力和对应的应变数据,绘制 6 个试件轴向拉伸时的应力-应变关系曲线,如图 2-13 所示,根据试块的轴向拉伸测量结果得到轴向拉伸试验的平均应力-应变关系曲线,如图 2-14 所示。

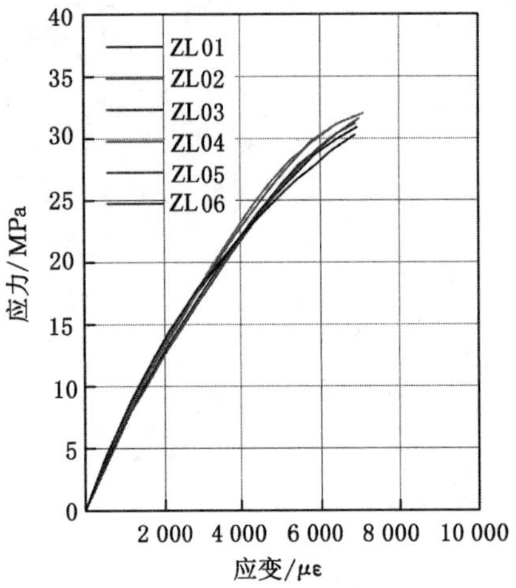

图 2-13　试件轴向拉伸时的应力-应变关系曲线

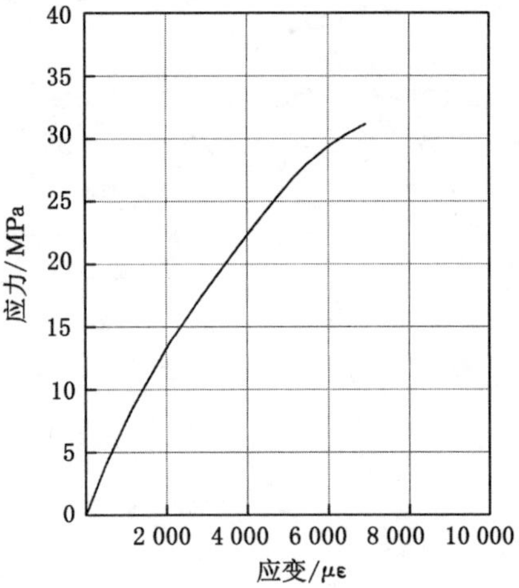

图 2-14　轴向拉伸试件时的应力-应变关系曲线(平均值)

轴向拉伸试件的应力-应变关系曲线如图 2-15 所示，拟合公式如下：

$$\sigma = 0.496 + 6\,977.3\varepsilon - 365\,682.2\varepsilon^2 \quad (R^2 = 0.999) \tag{2-2}$$

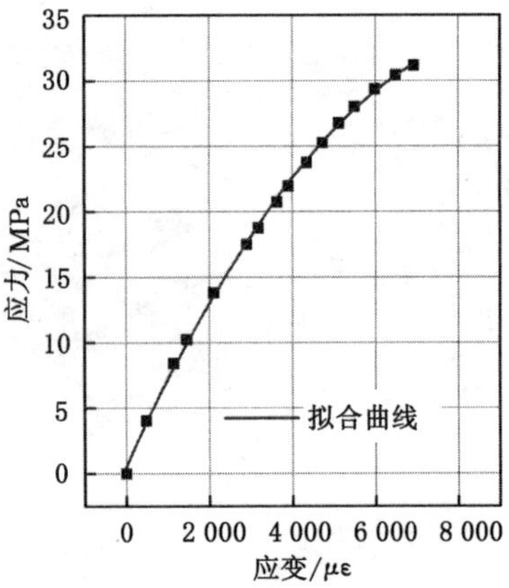

图 2-15　试件轴向拉伸应力-应变关系曲线

2.2.3　材料与混凝土黏结试验

2.2.3.1　直接拉伸黏结试验

首先，用混凝土切割机将混凝土切割成 100 mm×100 mm×100 mm 的立方体，使混凝土露出骨料，清除混凝土表面浮灰；其次，制作内腔为 50 mm×50 mm×50 mm 的模板，将模板放置在混凝土块上，使模板与混凝土表面垂直，避免产生多余应力；再次，将 80 mm 长螺栓放置在模板内，使螺栓中心对应混凝土试块中心，将螺栓上端吊起，悬于空中；最后，向模板内浇筑聚氨酯水泥，7 d 后拆除木模板。

同等试块 3 个，试块尺寸如图 2-16 所示。将试件的混凝土块塞入定制夹具中，夹具拉

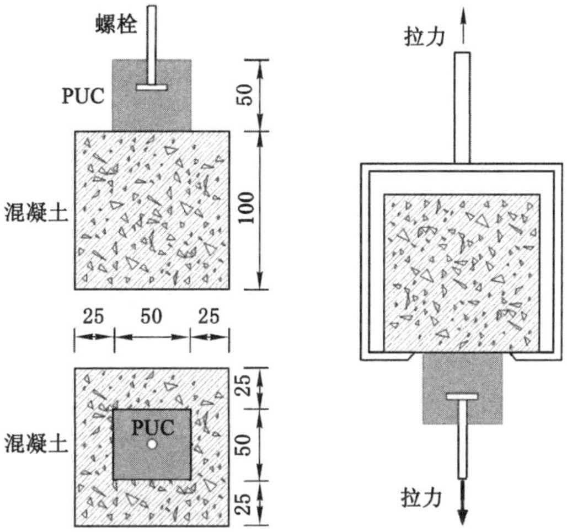

图 2-16　直接拉伸黏结试验试件示意图（单位：mm）

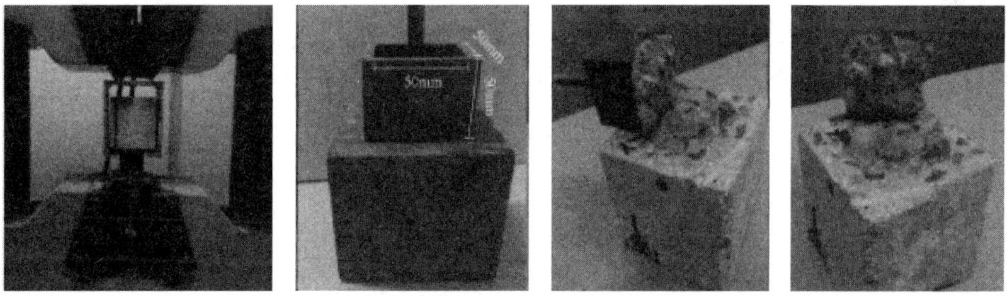

图 2-17　直接拉伸黏结试验图

杆向上，试件螺杆向下。将装有试件的夹具放到拉力试验机上，夹具拉杆放入上夹口中，试件螺杆放入下夹口中，如图 2-17(a)所示。拉伸试验过程中测试试件的极限拉力。

按照式(2-3)计算聚氨酯水泥与混凝土的轴向拉伸黏结强度：

$$\sigma = \frac{F}{ab} \tag{2-3}$$

式中　F——试件的极限拉伸力；

a——聚氨酯水泥与混凝土接触面的长度；

b——聚氨酯水泥与混凝土接触面的宽度。

聚氨酯水泥直接拉伸黏结试验结果见表 2-6。聚氨酯水泥与混凝土之间的黏结强度比混凝土材料自身的黏结强度大，平均值为 3.56 MPa。拉伸过程中混凝土自身发生破坏，如图 2-17(c)和图 2-17(d)所示。破坏界面并没有出现在混凝土与聚氨酯水泥黏结面上，表明聚氨酯水泥具有较好的黏结性能。

表 2-6　聚氨酯水泥的黏结强度　　单位：MPa

编号	ZN01	ZN02	ZN03	平均值
黏结强度	3.35	3.58	3.75	3.56

2.2.3.2 弯折黏结试验

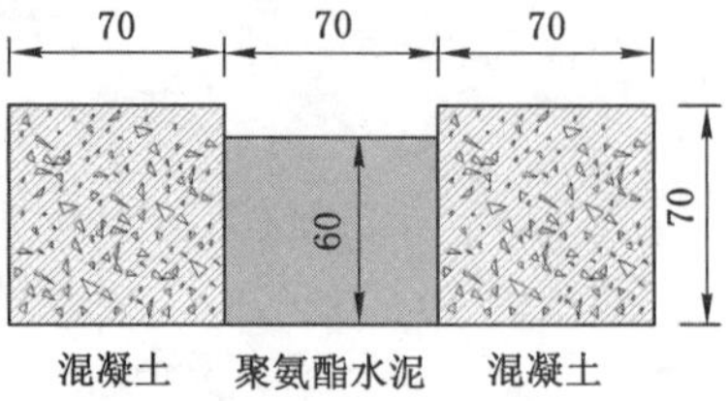

图 2-18 弯折黏结试块示意图（单位：mm）

按照罗马尼亚国家建筑研究与发展研究所对聚合物混凝土与混凝土之间黏结力试验方法进行测试[64]。在 70 mm×70 mm×70 mm 混凝土三联钢模中完成弯折黏结试验试块的浇筑，将切割好的 70 mm×70 mm×70 mm 混凝土试块放入三联钢模的两端，在中间浇筑聚氨酯水泥，浇筑高度为 60 mm。同等试件数量为 3 个，试件尺寸如图 2-18 所示。采用万能试验机进行三点加载，两个支点之间的距离为 160 mm，如图 2-19(a)所示。

(a)　(b)　(c)

图 2-19 弯折黏结试验图

按照式(2-4)计算聚氨酯水泥与混凝土之间的轴向拉伸黏结强度：

$$\sigma = \frac{3F(l-a)}{bh^2} \tag{2-4}$$

式中 F ——试件的抗折极限荷载；

l ——加载过程中两个支点之间的距离；

a ——聚氨酯水泥试块的纵向长度；

b ——聚氨酯水泥试块的横向宽度；

h ——聚氨酯水泥试块的高度。

聚氨酯水泥弯折黏结强度见表 2-7。聚氨酯水泥与混凝土之间的黏结强度比混凝土材料自身的黏结强度弱，平均值为 3.16 MPa。弯折过程中混凝土材料自身发生黏结破坏，如图 2-19(c)所示。破坏界面并没有出现在混凝土与聚氨酯水泥黏结面上，表明聚氨酯水泥具有较好的黏结性能。

表 2-7 聚氨酯水泥弯折黏结强度　　单位：MPa

编号	WN01	WN02	WN03	平均值
黏结强度	3.15	3.08	3.25	3.16

2.3　环境温度影响试验及耐酸、碱性能试验

2.3.1　环境温度影响试验

为了研究自然环境温度对聚氨酯水泥拉伸性能的影响，选择试验温度为－40～60 ℃来模拟自然环境温度，分别为－40 ℃、－20 ℃、0 ℃、20 ℃、40 ℃、60 ℃。采用图 2-11 所示尺寸的哑铃形试件(图 2-20)。温度拉伸试验如图 2-21 所示。

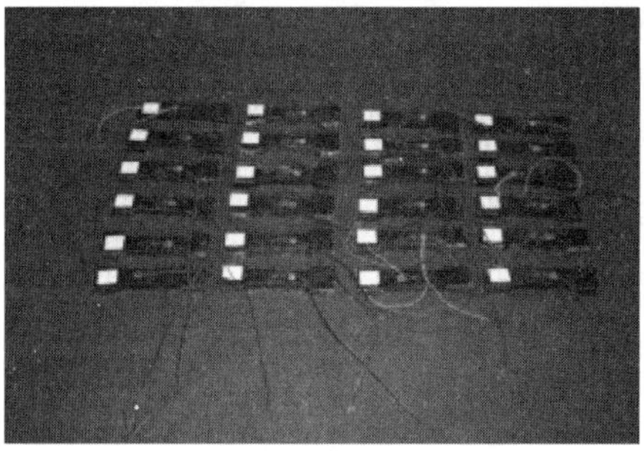

图 2-20　哑铃形试件

图 2-21　温度拉伸试验

不同温度下轴向拉伸应力-应变关系曲线如图 2-22 所示。由图 2-22 可知：在－40～60 ℃环境温度下，材料的极限强度并没有降低，随着温度升高，材料的极限拉伸应变略微增大，特别是 60 ℃时拉伸应变增大较为明显。

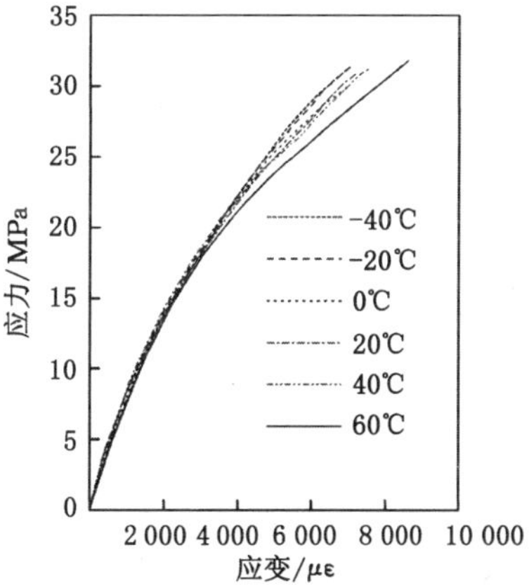

图 2-22　不同温度下轴向拉伸应力-应变关系曲线

2.3.2　耐酸、碱性能试验

取 2 个 40 mm×40 mm×160 mm 试块，均在试块中间折断，用于 PUC-1550 耐化学腐蚀试验。

分别配置低浓度和高浓度酸、碱溶液[65]，配置方法如下：

3%盐酸溶液(体积分数)、30 g/L 的氢氧化钾溶液、18%盐酸溶液(体积分数)和 100 g/L

的氢氧化钾溶液。

将试样放入(110±5) ℃的烘箱中烘干。连续2次对试块进行称重的差值不大于0.1 g,然后将试件冷却至室内温度。

将试样分别浸入试验溶液中,浸入深度均为25 mm。将器皿的盖子盖好,将浸泡中的试验样品放置在(20±2) ℃的环境中,如图2-23所示。

图2-23　耐化学腐蚀试验试样

将试样浸入溶液中,12 d后取出并用流动水冲洗5 d,再将试样完全浸泡在沸水中煮30 min,然后取出,用拧干的麂皮轻轻擦拭,然后放入(110±5) ℃的烘箱中烘干。

耐化学腐蚀试验结果见表2-8,在不同浓度的溶液中浸泡后观察试件表面,无可见变化。

表2-8　耐化学腐蚀试验结果

编号	溶液	初始质量/g	测试前质量/g	测试后质量/g	质量损失/g	质量损失率/%	抗腐蚀等级
LS	3%HCl	94.76	94.59	94.47	0.12	0.127	ULA
HS	18%HCl	82.85	82.71	82.54	0.17	0.206	UHA
LJ	30 g/L KOH	95.32	95.21	94.95	0.26	0.273	ULA
HJ	100 g/L KOH	77.18	77.05	76.73	0.32	0.415	UHA

2.4　本章小结

本章对密度为1 550 kg/m³的聚氨酯水泥PUC-1550进行抗压试验、抗折试验、轴向拉伸试验、与混凝土黏结轴向拉伸和弯曲试验、不同环境温度下的轴向拉伸试验及耐酸、碱性能试验,得到如下结论:

(1) PUC-1550的抗压强度平均值为59.3 MPa,抗折强度平均值为41.5 MPa,轴向拉伸强度平均值为31 MPa,泊松比平均值为0.27。通过拟合得到材料弯折拉伸应力-应变曲线关系式和轴向拉伸应力-应变曲线关系式。

(2) 通过PUC-1550与混凝土轴向拉伸黏结试验得到平均黏结强度为3.56 MPa,与混凝土弯折黏结试验得到平均黏结强度为3.16 MPa。黏结试验破坏界面都没有出现在混凝土与聚氨酯水泥黏结面上,表明聚氨酯水泥具有较好的黏结性能。

(3) 分别在 −40 ℃、−20 ℃、0 ℃、20 ℃、40 ℃、60 ℃进行轴向拉伸试验，在 −40～60 ℃ 环境温度下，材料的极限强度并没有降低，随着温度升高，材料的极限拉伸应变略微增大，特别是 60 ℃时拉伸应变增大较为明显。

(4) 在不同浓度的酸、碱溶液中进行耐化学腐蚀试验，观察表面并无可见变化，因此聚氨酯水泥耐化学腐蚀性能良好。

第3章　聚氨酯水泥-预应力钢丝绳抗弯加固试验研究

3.1　试验方案

3.1.1　试验梁的设计

本节对16根T形截面简支梁进行了试验研究。所有试件的混凝土均按照相同配合比浇筑，设计混凝土立方体抗压强度为40 MPa。试件采用同一尺寸，全长3 000 mm，净跨径2 700 mm，剪弯段长度900 mm，纯弯段长度900 mm。纵向受拉钢筋均为2根直径为18 mm的三级螺纹钢筋，纵向钢筋配筋率为0.91%，实测屈服强度为418 MPa，架立钢筋为直径10 mm的二级螺纹钢筋，实测屈服强度为250 MPa。为防止抗剪强度不足，沿试件长度方向配置直径为8 mm的一级光圆钢筋，纯弯段间距为150 mm，剪弯段间距为80 mm。截面具体参数如图3-1所示，钢筋骨架图如图3-2所示。

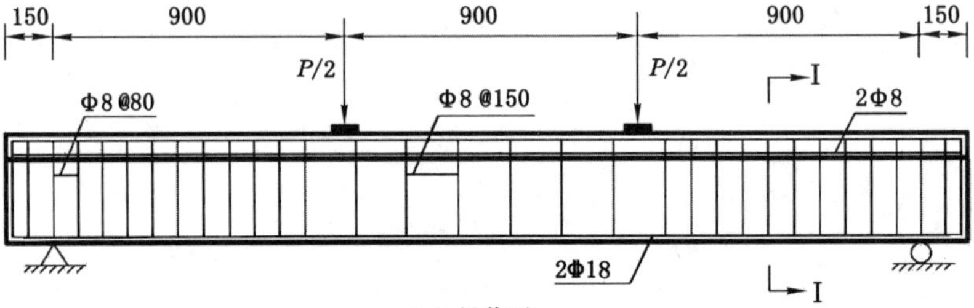

(a) 纵截面

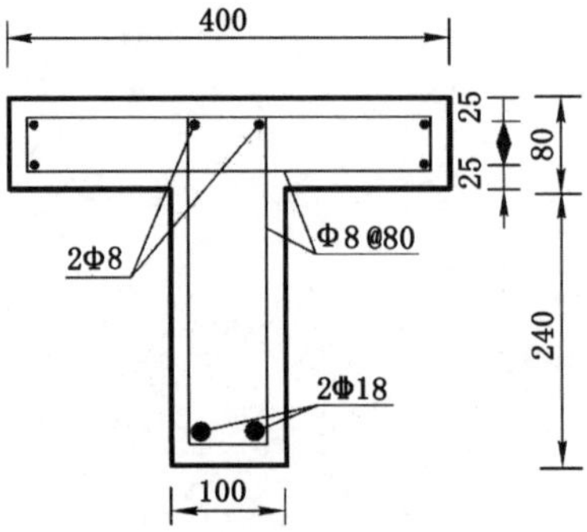

(b) I－I横截面

图3-1　试件尺寸与配筋(单位:mm)

图 3-2　钢筋骨架图

3.1.2　模型梁材料试验

用于梁体加固的聚氨酯水泥为 PUC-1550，材料的力学性能如第 2 章所述。本试验所用复合砂浆为商业产品，为北京荣达信 RJ-55 聚合物砂浆。复合砂浆由硅酸盐水泥、中砂和粉料混合而成。粉料的主要成分是聚合物改性剂、胶粉及抗裂纤维。根据水泥胶砂强度检验方法制备 40 mm×40 mm×160 mm 长方体试件，并进行抗压强度和抗折强度测试[66]，测试结果见表 3-1。

表 3-1　复合砂浆力学性能　　单位：MPa

名称	抗折强度	抗压强度
复合砂浆 RJ-55	5.8	55

本试验所用钢丝绳为 4 mm 高强钢丝绳，对钢丝绳进行拉伸试验。测试钢丝绳数量为 5 根，每根钢丝绳表面粘贴 2 个应变片，拉伸过程中的应变值取 2 个测量值的平均值。应变采集采用动态应变采集仪。拉伸设备为万能试验机，拉伸过程中控制所施加荷载以 2 kN/s 的速度递增，如图 3-3 所示。钢丝绳拉伸应力-应变关系曲线如图 3-4 所示。

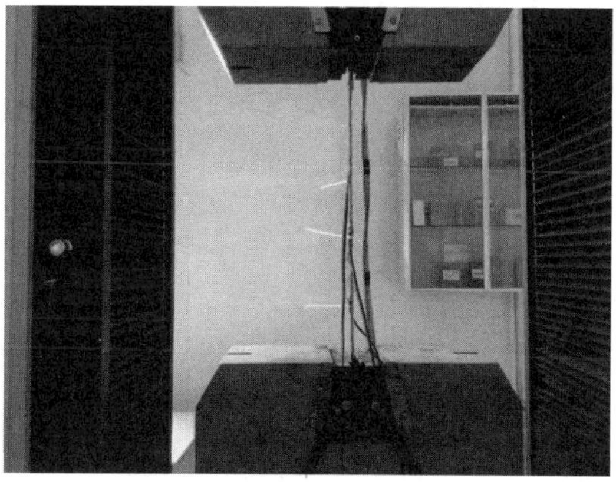

图 3-3　钢丝绳拉伸试验图

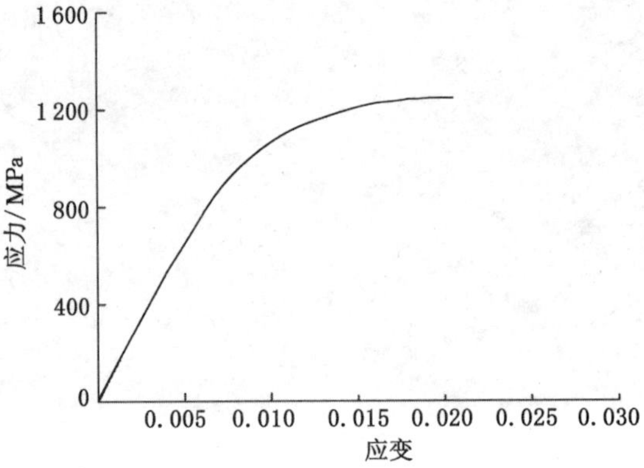

图 3-4 钢丝绳拉伸应力-应变关系曲线

在比例极限以前，应力、应变呈现较好的线性关系，之后材料进入非线性阶段，但曲线上并没有发现比较明显的屈服点。钢丝绳的极限抗拉强度平均值为 1 255.6 MPa，平均拉伸应变为 2.11%，平均弹性模量为 138.3 GPa。钢丝绳因为没有明显的屈服点，将产生 0.2% 残余应变时的应力作为其名义屈服强度，则名义屈服强度约为 1 067 MPa。

3.1.3 试验梁加固步骤

(1) 梁端开槽与预应力钢丝绳锚具安装。在梁端沿宽度方向凿出宽约 100 mm 的槽口，暴露主梁内部主钢筋。将预先准备好的锚具焊接到主梁裸露的钢筋上，为了保证焊接质量，对钢筋表面进行除锈。焊接时要注意调节主筋、锚具与梁底的相对位置。

(2) 梁底混凝土表面处理。为了使加固材料与混凝土之间更好地黏结，利用混凝土凿毛锤子凿除混凝土表面浮浆和松散混凝土，露出粗骨料，再用空气压缩机吹走混凝土表面的浮灰。

(3) 挤压锚头制作、钢丝绳下料和张拉锚固。由于采用的锚具类似于墩头锚具，应根据设计的张拉控制应力控制钢丝绳的下料长度。用液压机具挤压铝合金套筒，挤压后的钢丝绳和铝合金套筒成为整体。选用铝合金套管作为挤压锚头，将钢丝绳叠成双股穿入套管，之后用压力机挤压形成挤压锚头，使钢丝绳和铝套筒形成一体。一侧钢丝绳直接穿入锚具，另一侧用手拉葫芦或者紧线器等装置进行张拉，钢丝绳伸长并使挤压锚头超过锚具时进行锚固。

(4) 浇筑聚氨酯水泥。将预先做好的 U 形木模板固定在梁底，对木模板两端与混凝土接触位置进行封闭，防止浇筑过程中聚氨酯水泥流出。在浇筑聚氨酯水泥的早期阶段，材料具有类似自密实混凝土的特性，具有很好的流动性。浇筑完成 24 h 后将模板拆除。聚氨酯水泥具有保护和共同锚固钢丝绳的作用。

试验梁加固步骤如图 3-5 所示。

3.1.4 加固形式

为了研究预应力钢丝绳聚氨酯水泥加固技术对构件抗弯性能的影响，设计的试验变量为：预应力钢丝绳嵌入材料、预应力钢丝绳锚固形式、聚氨酯水泥厚度、预应力钢丝绳数量、

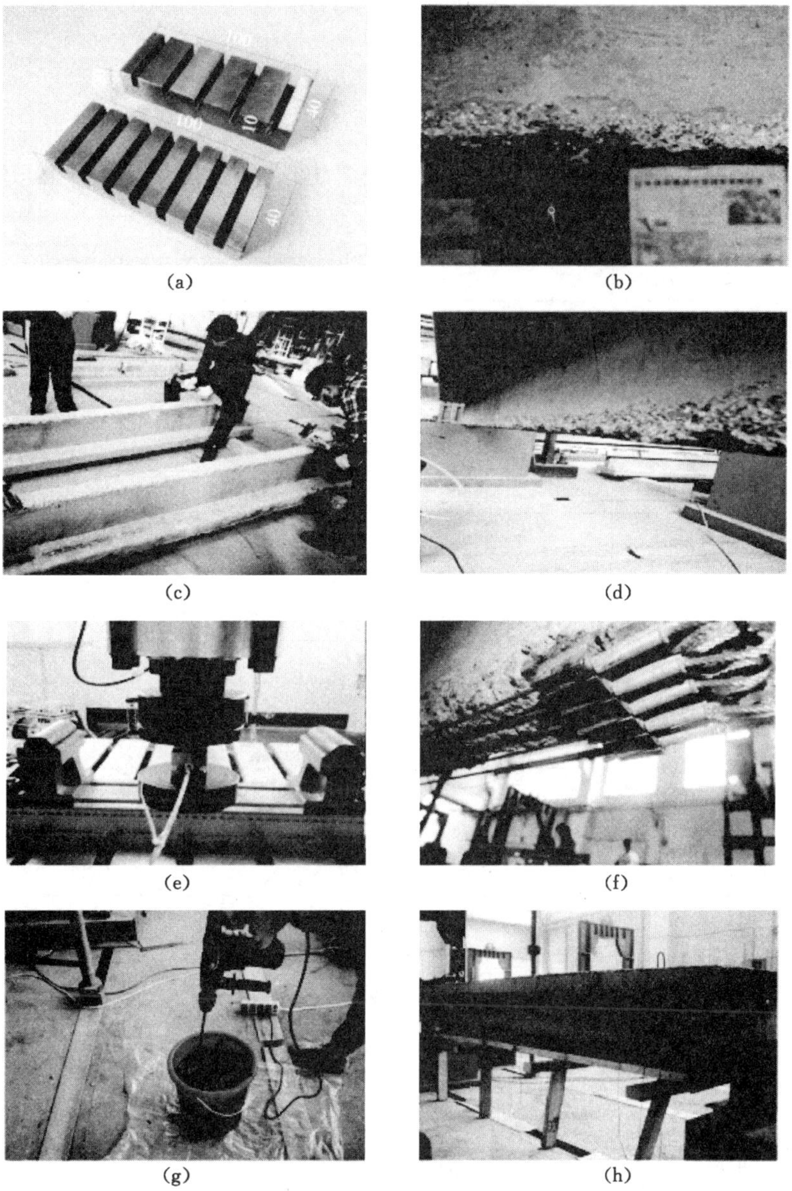

图 3-5　试验梁加固步骤

钢丝绳预应力大小、梁是否预裂、是否带载加固。梁参数见表 3-2，其中 CB 梁为控制梁，不进行加固。将加固梁分为两个部分：一部分为预应力钢丝绳加固梁，共计 4 片；另一部分为聚氨酯水泥-预应力钢丝绳加固梁，共计 11 根。

A_1、A_2、A_{2-1} 和 A_3 梁为 4 根预应力钢丝绳加固梁，钢丝绳的张拉控制应力均为 700 MPa。其中，A_1 梁的钢丝绳无嵌入材料，为无黏结预应力钢丝绳加固；A_{2-1} 梁布置 7 根预应力钢丝绳，其余 2 根加固梁均布置 5 根钢丝绳。为了研究开裂对梁加固的影响，先将 A_3 梁预加载 50 kN，同时保证梁体裂缝不超过 0.2 mm，然后卸掉荷载进行加固。所有加固梁砂浆厚度均为 20 mm，除了 A_1 梁采用单一的锚具锚固外，其余 3 根梁采用锚具机械锚固与复合砂浆黏结锚固相结合的锚固形式。

表 3-2　梁加固参数

分组	梁编号	钢丝绳数量/根	预应力/MPa	嵌入材料	材料厚度/mm	锚固形式	预加载	带载/kN
控制梁	CB	—	—	—	—	—	否	—
预应力钢丝绳	A_1	5	700	—	—	锚具	否	—
	A_2	5	700	砂浆	20	锚具＋砂浆	否	—
	$A_{2\text{-}1}$	7	700	砂浆	20	锚具＋砂浆	否	—
	A_3	5	700	砂浆	20	锚具＋砂浆	是	—
聚氨酯水泥-预应力钢丝绳	A_4	0	700	PUC	20	—	否	—
	A_5	5	700	PUC	20	锚具＋PUC	否	—
	A_6	5	700	PUC	20	PUC	否	—
	A_7	5	700	PUC	20	锚具＋PUC	是	—
	A_8	5	700	PUC	30	锚具＋PUC	否	—
	A_9	2	700	PUC	20	锚具＋PUC	否	—
	$A_{9\text{-}1}$	2	700	PUC	25	锚具＋PUC	否	—
	A_{10}	5	400	PUC	20	锚具＋PUC	否	—
	$A_{10\text{-}1}$	5	0	PUC	20	锚具＋PUC	否	—
	A_{11}	5	700	PUC	20	锚具＋PUC	否	30
	$A_{11\text{-}1}$	5	400	PUC	20	锚具＋PUC	否	30

A_4—$A_{11\text{-}1}$ 为 11 根预应力钢丝绳聚氨酯水泥加固梁。其中，A_4 梁中无预应力钢丝绳，是单纯的聚氨酯水泥加固梁。为了研究单一聚氨酯水泥黏结锚固影响，A_6 梁在浇筑完聚氨酯水泥后，在梁端锚具处将 A6 梁钢丝绳剪断，使钢丝绳仅由聚氨酯水泥黏结锚固。A_7 梁预先加载至 50 kN，同时保证梁体裂缝不超过 0.2 mm，然后将荷载卸掉进行加固。为了研究不同聚氨酯水泥厚度对加固梁性能的影响，A_8 梁中预应力钢丝绳嵌入的聚氨酯水泥厚度为 30 mm。为了研究预应力钢丝绳数量对加固梁性能的影响，将 A_9 梁和 $A_{9\text{-}1}$ 梁中钢丝绳数量设置为 2 根，且 $A_{9\text{-}1}$ 梁钢丝绳嵌入的聚氨酯水泥厚度为 25 mm；A_{10} 梁和 $A_{10\text{-}1}$ 梁的预应力钢丝绳张拉控制应力不同，A_{10} 梁的 5 根钢丝绳张拉控制应力为 400 MPa，$A_{10\text{-}1}$ 梁的 5 根钢丝绳张拉控制应力为 10 MPa，以此来讨论不同张拉控制应力时的加固效果。A_{11} 梁和 $A_{11\text{-}1}$ 梁均为带载加固梁，将梁体加载至 50 kN，同时保证梁体裂缝不超过 0.2 mm，然后卸载至 20 kN 进行加固，因为在实际工程中，有时候结构表面的恒荷载会被全部清除，而有时候会保留一部分荷载，如桥面铺装荷载或栏杆荷载等，此时结构都是带着荷载进行加固的。

加固梁纵截面图如图 3-6 所示，Ⅰ-Ⅰ横截面图见表 3-3。

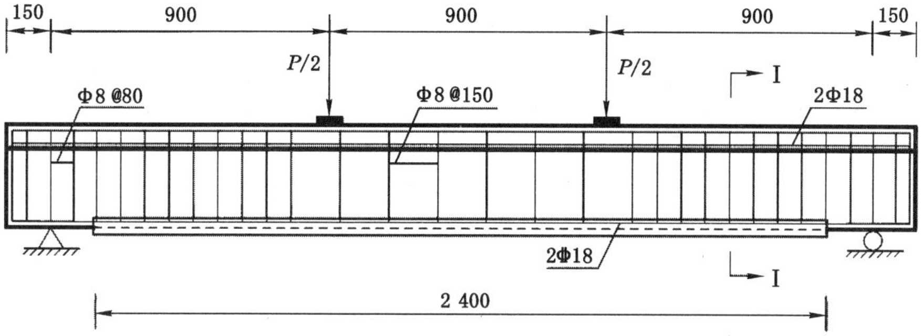

图 3-6　加固梁纵截面图(单位:mm)

表 3-3　加固梁 I-I 横截面图　　单位:mm

梁编号	横截面	梁编号	横截面
A_1	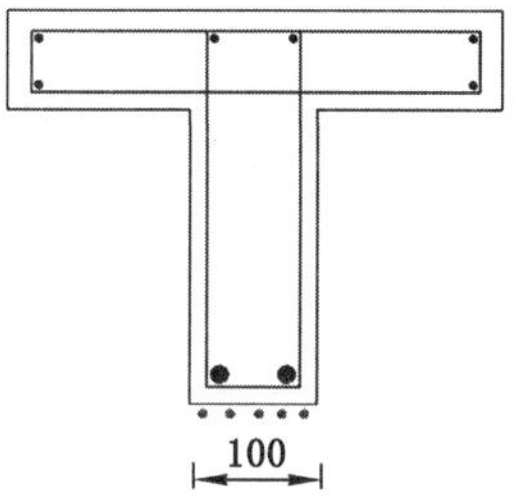	A_5、A_6、 A_7、A_9、A_{10}、A_{10-1} A_{11}、A_{11-1}	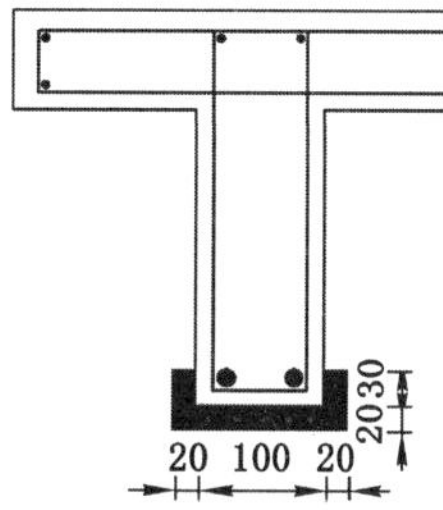
A_2、A_3	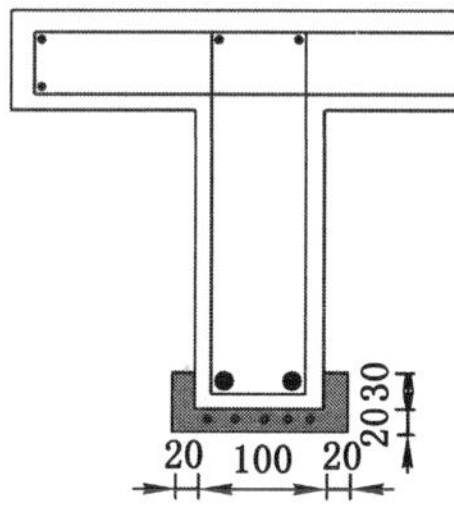	A_8	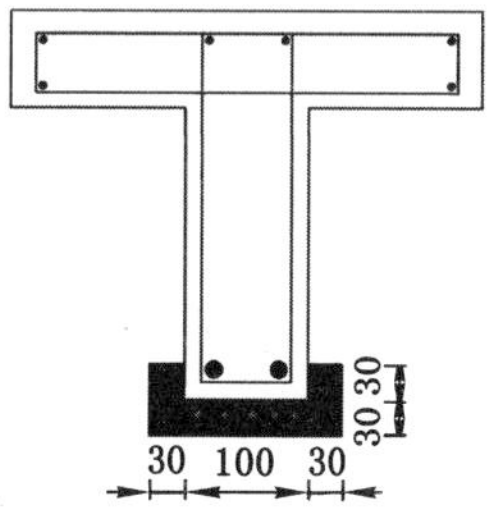
A_{2-1}	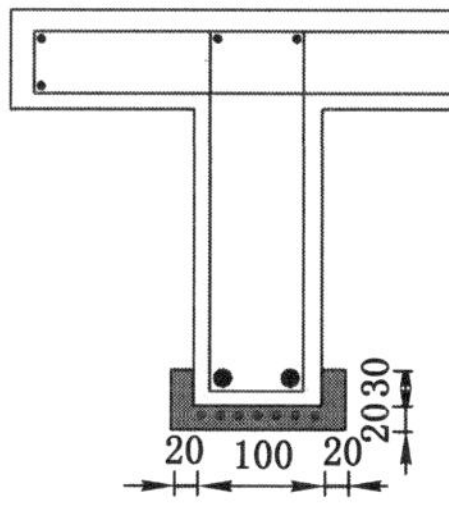	A_9	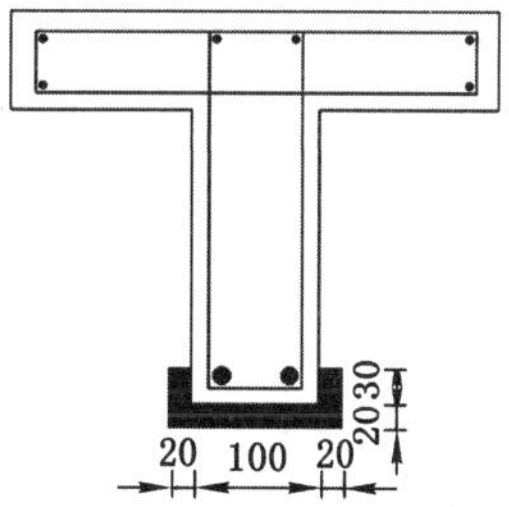
A_4	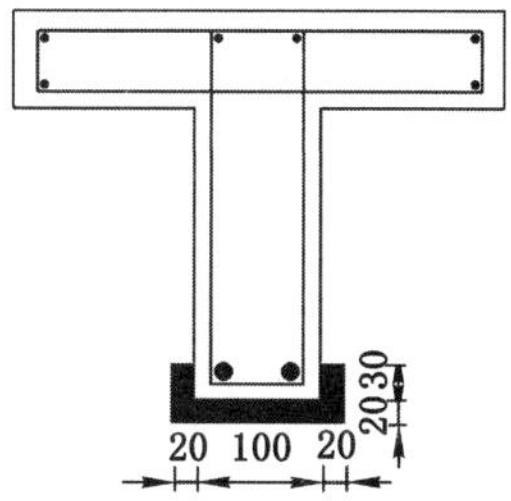	A_{9-1}	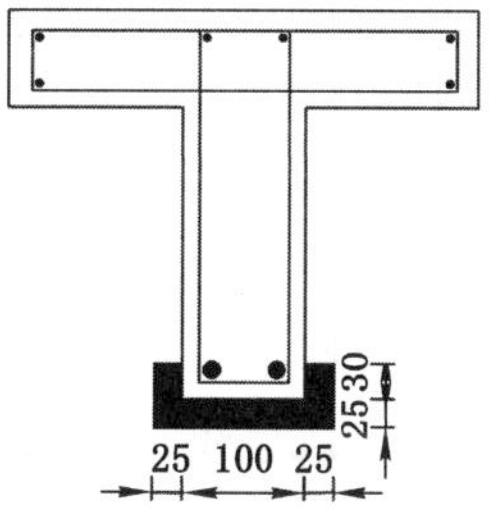

3.1.5 试验测量

本节试验在混凝土、钢筋、钢丝绳、聚氨酯水泥、复合砂浆上分别粘贴了电阻应变片，用于测量各部位的材料应变。混凝土应变片布置在试件跨中侧面，沿截面高度均匀粘贴 6 个 100 mm×3 mm 规格的应变片；2 根受拉主钢筋上粘贴 4 个 5 mm×3 mm 规格的应变片，分别布置在加载点截面和跨中截面，如图 3-7 所示。

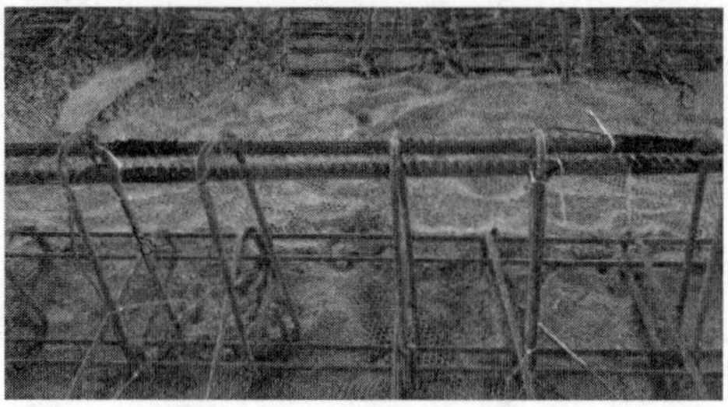

图 3-7 主钢筋应变片布置图

每根钢丝绳在纯弯段加载区域内布置 1 个 3 mm×2 mm 规格的应变片，各根钢丝绳的应变片应该错开布置，避免在同一横截面上，如图 3-8 所示。聚氨酯水泥布置 4 个 100 mm ×3 mm 规格的应变片，2 个布置在梁底，2 个布置在跨中侧面沿着聚氨酯水泥高度位置。复合砂浆的应变片布置形式与聚氨酯水泥相同，具体的应变片布置如图 3-9 所示。

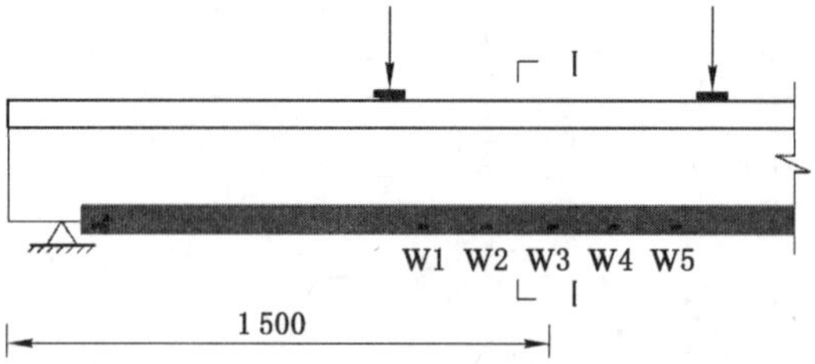

图 3-8 钢丝绳应变片纵向布置图(单位：mm)

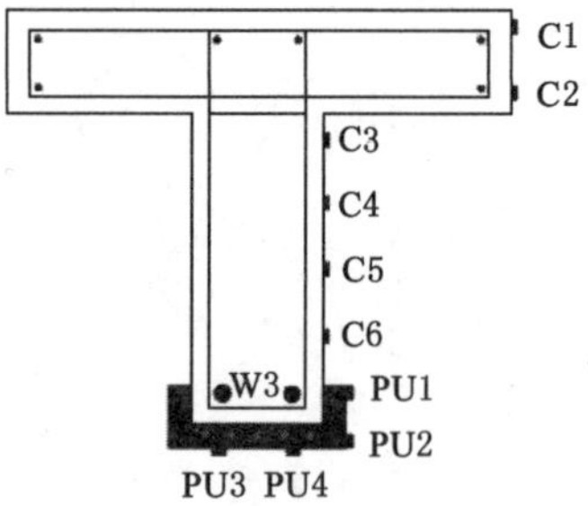

图 3-9 应变片横截面布置图

另外，为了测量试件的弯曲变形，在试件跨中、加载点及支座处分别架设电阻位移计以测量试件的跨中最大变形、加载点变形和支座沉降。

采用机械式千斤顶加载，千斤顶最大压力为 500 kN。采用电阻式压力传感器和数据采集系统，压力传感器量程为 500 kN。

（1）加载方案

正向加载，5 kN/级，加载至构件破坏，如图 3-10 所示。

(a)

(b)

图 3-10　静载试验图

（2）裂缝观察

用裂缝观测仪观察并记录每一级荷载作用下试件的裂缝开展情况和纵向钢筋位置处裂缝的宽度。

3.2　试验结果及分析

3.2.1　荷载-挠度关系曲线

为了研究聚氨酯水泥-预应力钢丝绳加固钢筋混凝土梁的承载能力提高程度，首先对 CB 梁进行抗弯极限承载力试验。图 3-11 所示为 CB、A_1、A_2 和 A_5 梁荷载-挠度关系曲线。CB 梁为普通钢筋混凝土梁，其受力过程主要分为弹性阶段、带裂缝工作阶段和塑性发展阶段，分别对应试验梁变形破坏阶段的开裂前、开裂至钢筋屈服和钢筋屈服至破坏，如图 3-12 所示。

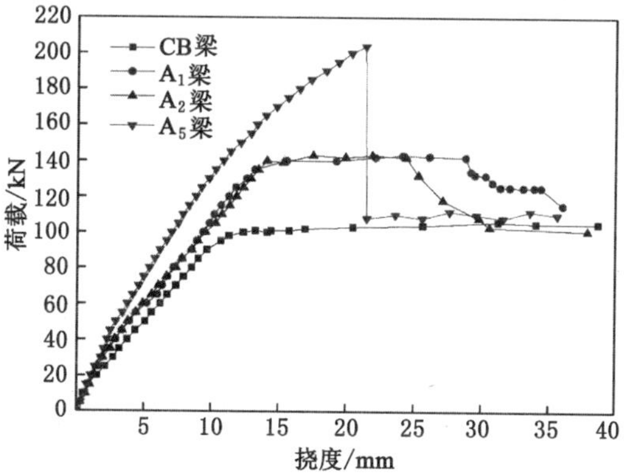

图 3-11　CB、A_1、A_2 和 A_5 梁荷载-挠度关系曲线

A_1 梁为无黏结预应力钢丝绳加固梁，由图 3-11 可知：加固梁的刚度明显高于 CB 梁，即使在加载初始阶段也较为明显。当荷载达到 135 kN 时加固梁屈服，刚度迅速降低，直至荷

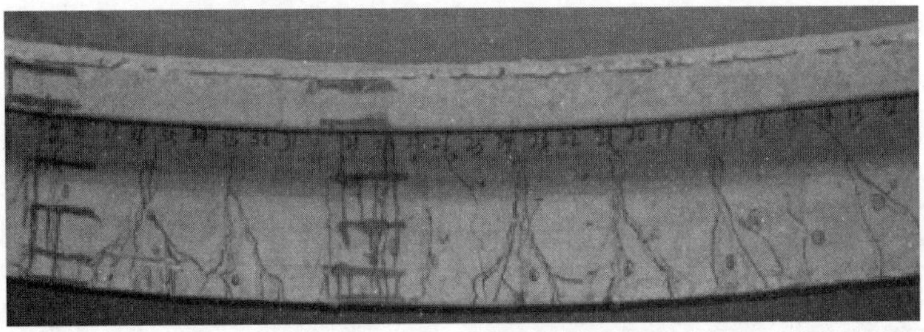

图 3-12　CB 梁破坏模式图

载达到极限荷载 144 kN。由于钢丝绳与混凝土无黏结，随着荷载的增加，钢丝绳应力均匀分布，因此由荷载-挠度关系曲线可以看出该加固梁具有很好的延性。一根钢丝绳跨中发生断裂，伴随着“砰”的一声，表示 A_1 加固梁发生破坏，如图 3-13 所示。上部荷载随着钢丝绳的断裂而降低，继续进行加载，其余的钢丝绳也相继断裂。A_2 梁为有黏结预应力钢丝绳加固梁，钢丝绳嵌入复合砂浆。在加载的初始阶段，A_2 梁比 A_1 梁的刚度略大，但是随着荷载的增大，复合砂浆开裂，两个梁的刚度差值变得不明显。当荷载达到 141.3 kN 时，钢丝绳断裂，此时挠度为 24.6 mm，测试荷载迅速降低，其余未断裂的钢丝绳也随着加载相继断裂，最后保持在 105 kN，梁的破坏图如图 3-14 所示。A_2 梁、$A_{2\text{-}1}$梁和 CB 梁的荷载-挠度关系曲线如图 3-15 所示。$A_{2\text{-}1}$梁与 A_2 梁钢丝绳嵌入材料相同，但是 $A_{2\text{-}1}$梁钢丝绳的数量多于 A_2 梁。$A_{2\text{-}1}$梁的刚度比 A_2 梁略大，在相同荷载作用下挠度更小。一方面，加固层中较多数量的钢丝绳具有更大的换算截面惯性矩，因此具有稍大的截面抗弯刚度；另一方面，较多数量的钢丝绳在梁底部形成更大的预压应力，对裂缝的限制效果更为明显，抑制裂缝的形成与展开，进而增大梁体的整体刚度。当钢丝绳荷载达到 160.4 kN 时，砂浆中的钢丝绳发出“砰”的一声而断裂，此时挠度为 23.0 mm，$A_{2\text{-}1}$梁破坏模式如图 3-16 所示。

图 3-13　A_1 梁破坏模式图

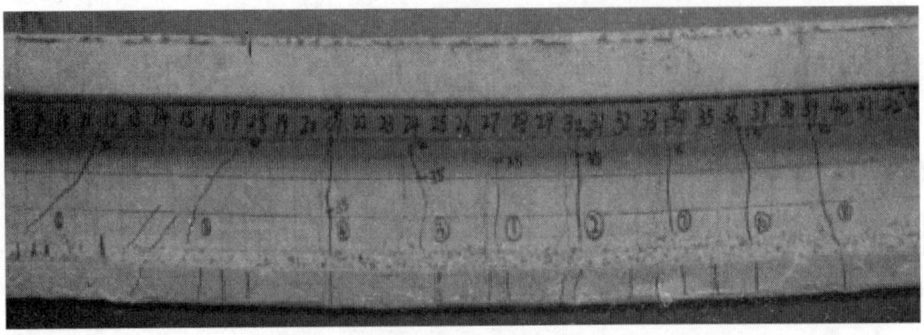

图 3-14　A_2 梁破坏模式图

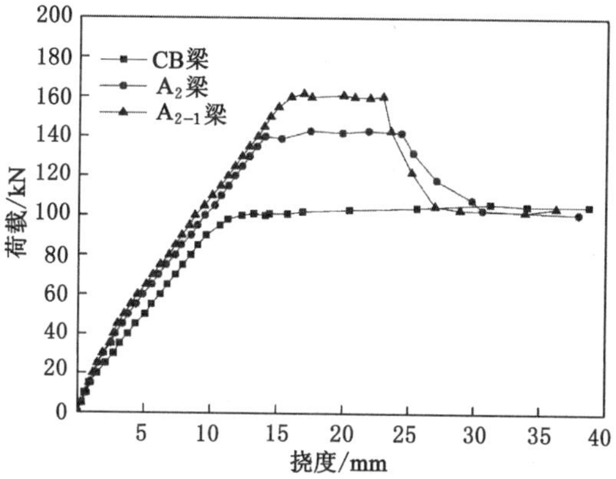

图 3-15　CB、A_2、$A_{2\text{-}1}$梁荷载-挠度关系曲线

图 3-16　$A_{2\text{-}1}$梁破坏模式图

CB 梁、A_2 梁、A_4 梁和 A_5 梁荷载-挠度关系曲线如图 3-17 所示。A_5 梁为聚氨酯水泥-预应力钢丝绳加固梁，聚氨酯水泥厚度为 20 mm。荷载-挠度关系曲线可以分为三个阶段。第一个阶段：混凝土未开裂阶段。加固梁表现出与未加固梁相似的线弹性，但比未加固梁具有更高的初始刚度。第二个阶段：从混凝土出现第一条裂缝到聚氨酯水泥断裂。在这个阶段，最大拉伸应力超过了混凝土抗拉强度。由荷载-挠度关系曲线可知：当荷载达到 150 kN 时，曲线斜率开始下降，主梁刚度降低。因为在该荷载点钢丝绳开始达到名义屈服强度，并且在此之前主梁钢筋已经进入屈服阶段，从而导致混凝土裂缝快速展开。尽管斜率降低，主梁刚度仍然保持在一个较高的水平。随着荷载的增加，加固梁中聚氨酯水泥的应力也随之增大。当测试荷载达到极限荷载 204.3 kN 时，随着“砰”的一声响，聚氨酯水泥和钢丝绳同时断裂，表明加固梁破坏，此时 A_5 梁的最大挠度为 21.8 mm。第三个阶段：钢筋已经屈服，并且钢丝绳和聚氨酯水泥同时断裂，该阶段的荷载-挠度关系曲线几乎是水平的，加固梁已经破坏，如图 3-18 所示。

A_4 梁为聚氨酯水泥加固梁，聚氨酯水泥中并无预应力钢丝绳。A_4 梁比控制梁具有更大的初始刚度，一方面因为聚氨酯水泥增大了混凝土梁的截面面积，从而增大截面的抗弯惯性矩；另一方面，聚氨酯水泥能够限制裂缝的形成。当荷载达到 168 kN 时，随着“砰”的一声响，聚氨酯水泥在跨中断裂，挠度为 19.9 mm，梁破坏图如图 3-19 所示。

CB、A_2、A_5、A_6 和 A_8 梁的荷载-挠度关系曲线如图 3-20 所示。梁 A_6 为预应力钢丝绳聚氨酯水泥加固梁，并且预应力钢丝绳仅由聚氨酯水泥锚固。在荷载达到 90 kN 之前，A_6 梁的荷载-挠度曲线几乎与 A_5 梁一致，表明单一的聚氨酯水泥能够很好地锚固预应力钢丝

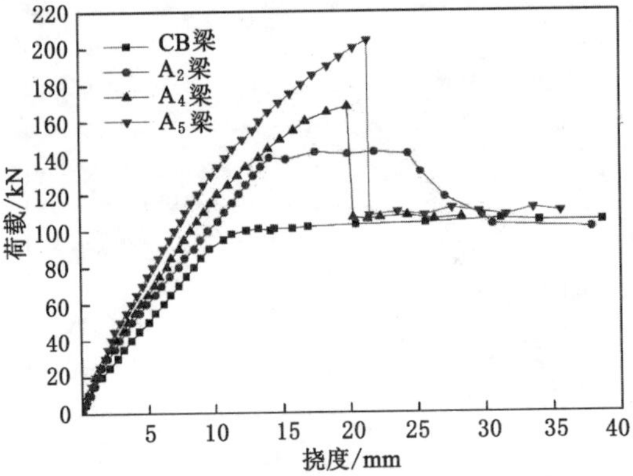

图 3-17　CB、A_2、A_4 和 A_5 梁荷载-挠度关系曲线

图 3-18　A_5 梁破坏模式图

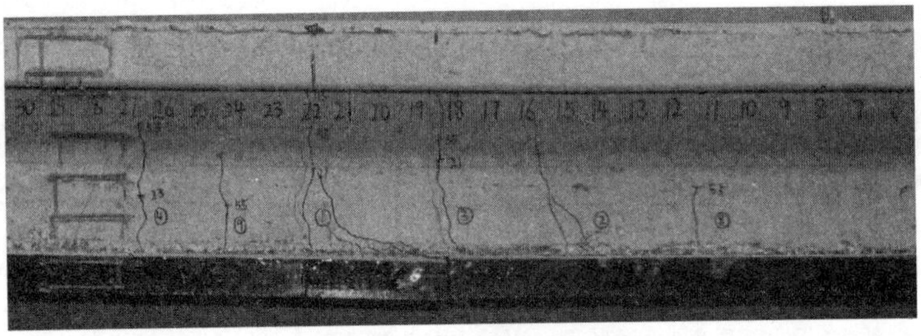

图 3-19　A_4 梁破坏模式图

绳。当荷载达到 100 kN 时，梁的端部混凝土出现较小的斜向裂纹，随后梁的挠度快速增大。荷载达到 140 kN 时，由聚氨酯水泥锚固的钢丝绳开始与混凝土剥离，随后荷载降低至 128 kN，如图 3-21 所示。这种现象表明：单一采用聚氨酯水泥锚固钢丝绳是不满足的，像 A5 梁一样进行额外锚固是很有必要的。

CB、A_2、A_3、A_5 和 A_7 梁的荷载-挠度关系曲线如图 3-22 所示。A_3 梁和 A_7 梁先预加载至 50 kN，卸载后进行加固。A_3 梁为预应力钢丝绳加固梁，A_7 梁为聚氨酯水泥-预应力钢丝绳加固梁。预裂加固梁 A_3 梁与直接加固梁 A_2 梁的破坏模式相似，预裂加固梁 A_7 梁与直接加固梁 A_5 梁破坏模式相似。在加载的早期阶段，A_2 梁的刚度比 A_7 梁的小，随着荷载的增加，两根梁的刚度差值逐渐减小。但是在加载的初始阶段，A_5 梁和 A_7 梁的刚度差值不是很大，因为聚合物砂浆在混凝土预裂时形成的裂缝处开裂，限制裂缝完全由钢丝绳承担，

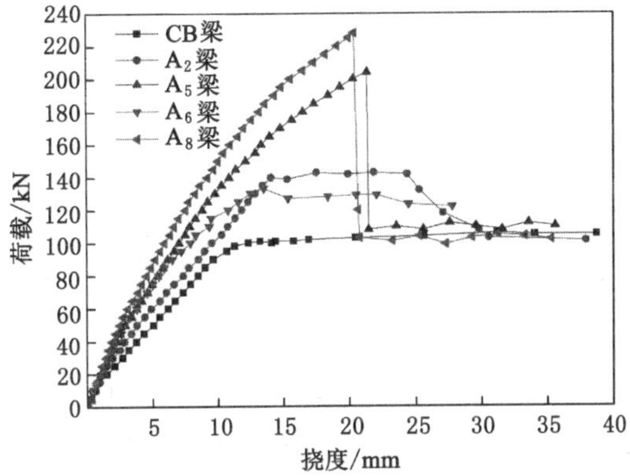

图 3-20　CB、A_2、A_5、A_6 和 A_8 梁荷载-挠度关系曲线

图 3-21　A_6 梁破坏模式图

预先形成的裂缝迅速展开，导致预加载加固梁 A_3 梁的刚度明显低于直接加固梁 A_2 梁。就聚氨酯水泥-预应力钢丝绳加固梁而言，聚氨酯水泥和预应力钢丝绳共同限制裂缝展开。钢丝绳上施加的预应力使预加载梁的裂缝闭合，并产生一定的预压力。随后聚氨酯水泥良好的限制裂缝展开能力使预裂加固梁 A_7 梁的裂缝在加载早期阶段没有明显展开。因此在加载的早期阶段，A_5 梁的刚度与 A_7 梁相比没有明显变化。

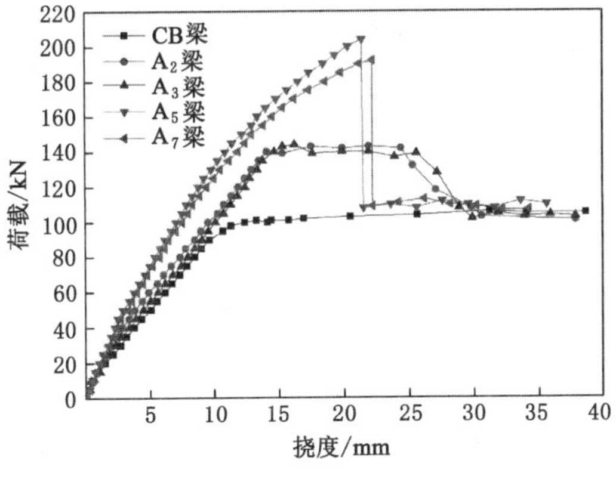

图 3-22　CB、A_2、A_3、A_5 和 A_7 梁荷载-挠度关系曲线

A_8 梁是聚氨酯水泥-预应力钢丝绳加固梁，聚氨酯水泥厚度为 30 mm。与 20 mm 厚聚氨酯水泥的 A_5 梁相比，A_8 梁具有更大的结构刚度。一方面，加固层中 30 mm 厚的聚氨酯

水泥层具有更大的换算截面惯性矩，因此截面抗弯刚度大；另一方面，30 mm 厚聚氨酯水泥对加载过程中裂缝的限制效果更显著，进而增大梁体的整体刚度。A_8 梁的开裂过程和破坏模式与 A_5 梁相似，如图 3-23 所示。

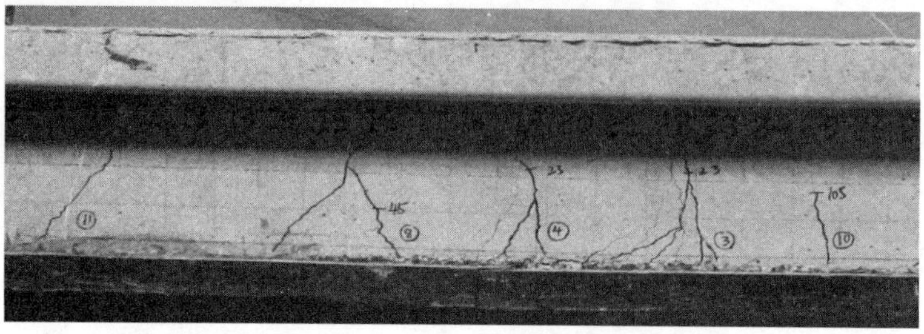

图 3-23　A_8 梁破坏模式图

A_5、A_8、A_9 和 $A_{9\text{-}1}$ 梁的荷载-挠度关系曲线如图 3-24 所示。A_9 梁与 $A_{9\text{-}1}$ 梁均具有 2 根预应力钢丝绳，但是嵌入聚氨酯水泥的厚度不同。与 A_5 梁和 A_8 梁类似，$A_{9\text{-}1}$ 梁刚度大于 A_9 梁。$A_{9\text{-}1}$ 梁聚氨酯水泥层厚度为 25 mm，具有更大的截面面积，因此具有较大的截面抗弯刚度，而且加载过程中聚氨酯水泥能够很好地限制裂缝的展开，进而增大了梁的刚度。荷载达到 179 kN 时，随着“砰”的一声响，A_9 梁的聚氨酯水泥和钢丝绳同时断裂，梁体破坏，此时挠度为 22.2 mm，破坏模式如图 3-25 所示。A_5、A_8 和 $A_{9\text{-}1}$ 梁破坏时挠度分别为 21.4 mm、20.4 mm 和 21.3 mm。由不同钢丝绳数量和不同聚氨酯水泥层厚度的 4 条曲线可知：梁体破坏时，$A_{9\text{-}1}$ 梁和 A_8 梁分别比 A_9 梁和 A_5 梁的挠度有所降低，降低的幅度不大。因此，随着聚氨酯水泥层厚度增大，梁破坏时的挠度略微降低。$A_{9\text{-}1}$ 梁破坏模式如图 3-26 所示。

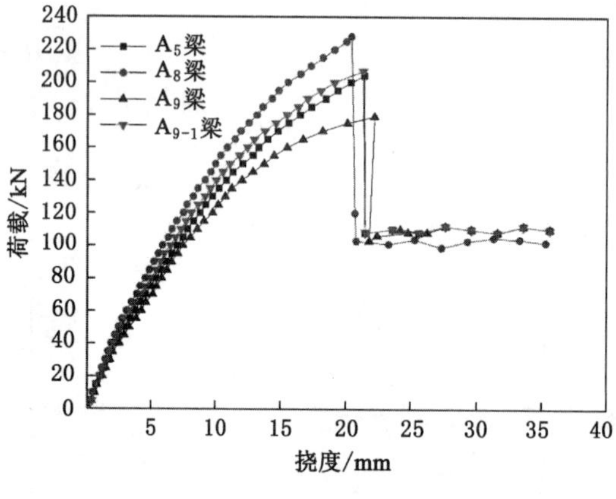

图 3-24　A_5、A_8、A_9 和 $A_{9\text{-}1}$ 梁荷载-挠度关系曲线

A_5、A_{10} 和 $A_{10\text{-}1}$ 梁的荷载-挠度关系曲线如图 3-27 所示。A_5、A_{10} 和 $A_{10\text{-}1}$ 梁为 3 根聚氨酯水泥-预应力钢丝绳加固梁，除了钢丝绳张拉应力不同，其他参数均相同，张拉应力分别为 700 MPa、400 MPa、10 MPa。由图中曲线可知：加固梁的刚度随着钢丝绳张拉应力的增大而增大。A_5、A_{10} 和 $A_{10\text{-}1}$ 3 根加固梁具有相同的截面布置，截面面积相等，因此具有相等的截面惯性矩和截面刚度。但是 3 根梁具有不同的初始钢丝绳预加力，预加力大的钢丝绳在

图 3-25　A_9 梁破坏模式图

图 3-26　A_{9-1} 梁破坏模式图

梁底形成较大的初始应力，使得梁具有更多的压应力储备。在相同荷载作用下，大初始应力的加固梁钢丝绳限制梁体开裂效果比小初始应力的加固梁显著，这样大初始预应力加固梁限制裂缝发展优于小初始预应力的加固梁，进而具有更高的结构刚度。A_{10-1} 梁张拉应力为 10 MPa，可以认为是聚氨酯水泥非预应力钢丝绳加固梁，聚氨酯水泥浇筑时梁体下缘没有预先形成预压应力，而是具有一定的拉伸应力。3 根梁的聚氨酯水泥层厚度相同，且浇筑是在钢丝绳张拉完成后进行的，因此 3 根梁聚氨酯水泥的初始应力相同，且都为 0。只考虑钢丝绳的作用效应，在相同荷载作用下，加固梁 A_{10-1} 梁形成裂缝更早，且裂缝随着荷载的增大快速增加，使梁体的刚度降低。

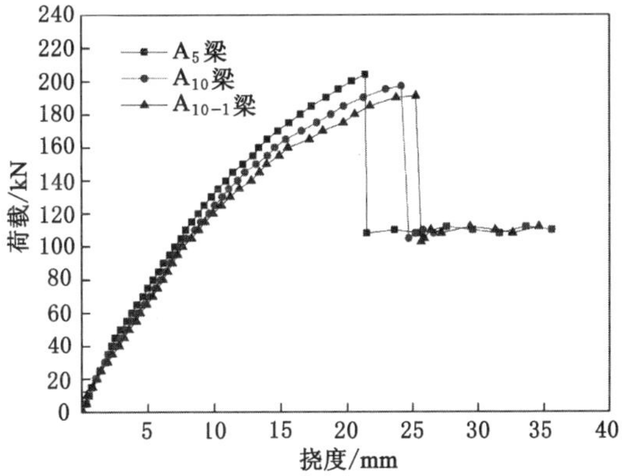

图 3-27　A_5、A_{10} 和 A_{10-1} 梁荷载-挠度关系曲线

由 A_5、A_{10} 和 A_{10-1} 梁的荷载-挠度关系曲线可知:3 根梁发生破坏时的挠度分别为 21.4 mm、24.15 mm 和 25.25 mm,破坏荷载作用下加固梁的挠度随着钢丝绳张拉应力的降低而增大,因此钢丝绳张拉应力的降低可以有效提高梁的延性。

A_5、A_{10}、A_{11} 和 A_{11-1} 梁的荷载-挠度关系曲线如图 3-28 所示。A_{10} 梁、A_{10-1} 梁(A 面)、A_{11-1} 梁(B 面)、A_{11} 梁(B 面)、A_{11-1} 梁的破坏模式如图 3-29 至图 3-33 所示。为了研究负载对聚氨酯水泥-预应力钢丝绳加固梁的影响,将 A_{11} 梁和 A_{11-1} 梁预加载至 50 kN,然后卸载至 30 kN 进行加固。A_{11} 梁的钢丝绳张拉应力为 700 MPa,而 A_{11-1} 梁钢丝绳的张拉应力为 400 MPa。由荷载-挠度关系曲线可知:A_{11} 梁和 A_{11-1} 梁在加载至 30 kN 时均有一个小的拐点。负载时 2 根梁均已开裂,荷载使得钢筋具有一定的初始拉应变,钢筋拉应变随着预应力的施加而减小。由于所施加的预应力不同,梁内部钢筋应变变化幅度不同,裂缝也会随着预应力的施加而减小,使得此时负载梁具有一定的初始闭合裂缝,但是 2 根梁裂缝闭合程度不同,裂缝随着卸载进一步闭合。重新加载时裂缝重新展开,当荷载达到 30 kN 时,裂缝宽度刚好为负载时的裂缝宽度,而此时聚氨酯水泥应变恰好为 0。随着荷载的增加,聚氨酯水泥限制初始裂缝的展开,与此同时会有新的裂缝产生。当荷载达到 110 kN 左右时,A_{11-1} 梁的挠度快速增大,可能此时主梁内部纵向钢筋屈服,增加的荷载全部由预应力钢丝绳聚氨酯水泥承担。

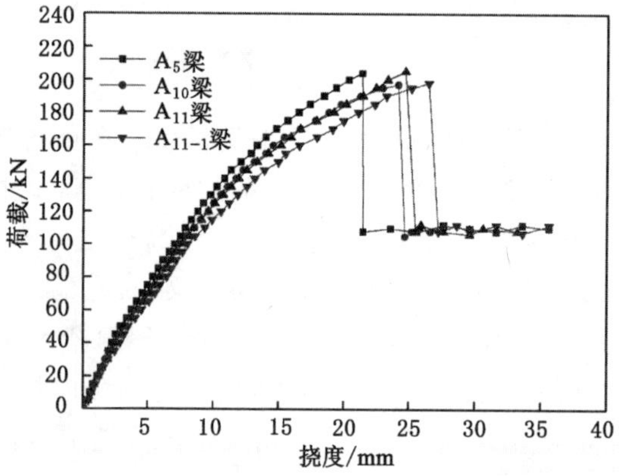

图 3-28　A_5、A_{10}、A_{11} 和 A_{11-1} 梁荷载-挠度关系曲线

A_{11} 梁和 A_{11-1} 梁的变化趋势相同,A_{11} 梁和 A_{11-1} 梁的刚度分别小于 A_5 梁和 A_{10} 梁的刚度。由于负载加固时 A_{11} 梁和 A_{11-1} 梁均已经开裂,即使施加预应力,由于上部荷载作用,裂缝不能够完全闭合,使得梁刚度比直接加固梁低。A_{11} 梁和 A_5 梁破坏时挠度分别为 24.7 mm 和 21.4 mm;A_{11-1} 梁和 A_{10} 梁破坏时挠度分别为 26.4 mm 和 24.1 mm。因此,负载加固梁破坏时的挠度比直接加固梁要大。

因此,与同等条件下的预应力钢丝绳加固梁相比,聚氨酯水泥-预应力钢丝绳加固梁能够明显降低加固梁的挠度。

3.2.2　裂缝

试验梁的开裂荷载见表 3-4。未加固梁 CB 梁开裂荷载为 20 kN,A_1 梁和 A_2 梁的开裂荷载为 40 kN,与控制梁相比增大了 100%,预应力使梁获得初始应力,预应力钢丝绳加固梁

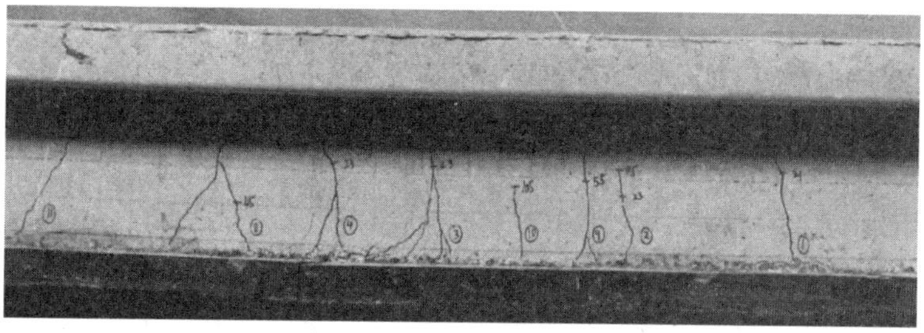

图 3-29　A_{10}梁破坏模式图

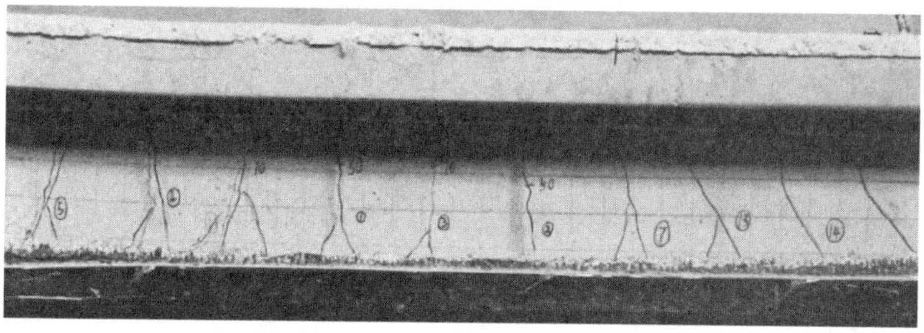

图 3-30　$A_{10\text{-}1}$梁破坏模式图(A 面)

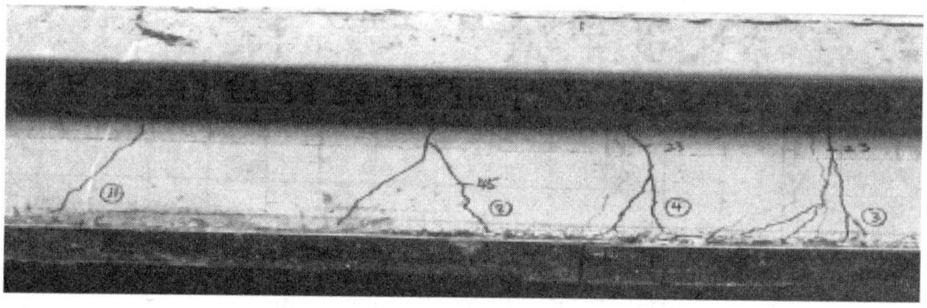

图 3-31　$A_{11\text{-}1}$梁破坏模式图(B 面)

图 3-32　A_{11}梁破坏模式图(B 面)

图 3-33　$A_{11\text{-}1}$梁破坏模式图

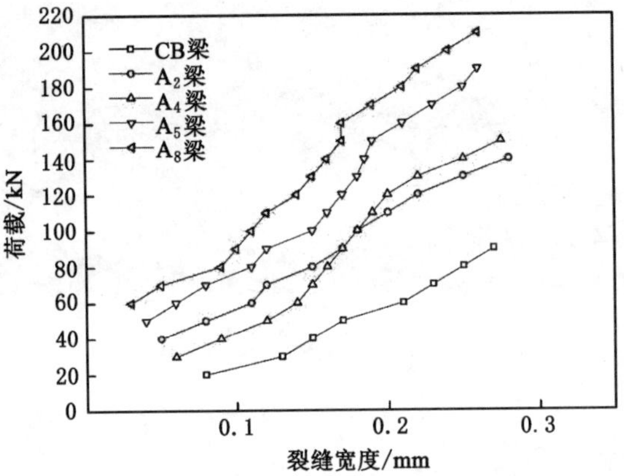

图 3-34　CB、A_2、A_4、A_5 和 A_8 梁荷载-裂缝宽度关系曲线

具有更高的开裂荷载。A_4 梁的开裂荷载为 25 kN，与控制梁相比仅增大了 25%。预应力钢丝绳聚氨酯水泥加固 A_5 梁的开裂荷载为 45 kN，与 A4 梁相比增大了 80%，A_5 梁的较高开裂荷载主要取决于预应力效应。在开裂荷载作用下，梁底混凝土产生较小的拉应变，此时聚氨酯水泥对裂缝的限制没有预应力钢丝绳强。由于聚氨酯水泥具有良好的黏结性能和钢丝绳的预应力效应，尽管 A_6 梁缺少梁端锚具的锚固作用，加载的早期阶段 A_6 梁的开裂荷载与 A_5 梁相比并没有降低。当 A_6 梁端的钢丝绳被剪断后，钢丝绳的预应力效应使聚氨酯水泥形成压应力，进一步将压应力有效作用于主梁。由于聚氨酯水泥具有良好的黏结性能，作用于主梁上的压应力没有降低。因此，预应力钢丝绳聚氨酯水泥加固梁开裂荷载的提高主要是由于预应力钢丝绳的预应力效应。

表 3-4　开裂荷载、屈服荷载和极限荷载

组号	梁号	开裂荷载/kN	提高比例/%	屈服荷载/kN	提高比例/%	极限荷载/kN	提高比例/%
控制梁	CB	20	—	74.3	—	101.0	—
预应力钢丝绳	A_1	40	100	91.4	23.0	143.1	41.7
	A_2	40	100	96.7	30.1	141.3	39.9
	A_{2-1}	50	150	103.2	38.9	161.8	60.2
	A_3	—	—	94.1	26.6	144.5	43.1
聚氨酯水泥预应力钢丝绳	A_4	25	25	98.8	33.0	168.7	67.0
	A_5	45	125	120.0	61.5	204.3	102.3
	A_6	50	150	112.0	50.7	133.1	31.8
	A_7	—	—	118.6	59.6	192.2	90.3
	A_8	55	175	137.0	84.4	228.5	126.2
	A_9	30	50	110.3	48.5	179.0	77.2
	A_{9-1}	35	75	130.2	75.2	207.8	105.7
	A_{10}	35	75	108.3	45.8	197.0	95.0
	A_{10-1}	25	50	101.6	36.7	191.8	89.9
	A_{11}	—	—	112.2	51.0	205.0	103.0
	A_{11-1}	—	—	101.8	37.0	198.1	99.0

图 3-34 为 CB、A_2、A_4、A_5 和 A_8 梁荷载-裂缝宽度关系曲线。这些裂缝数值代表跨中 3 条主要裂缝测量值的平均值。当荷载达到 60 kN 时，CB、A_2、A_4、A_5 和 A_8 梁的裂缝宽度分别为 0.21 mm、0.14 mm、0.11 mm、0.07 mm 和 0.05 mm。当荷载达到 90 kN 时，CB、A_2、A_4、A_5 和 A_8 梁的裂缝宽度分别为 0.27 mm、0.17 mm、0.17 mm、0.12 mm 和 0.1 mm。相同荷载作用下，A_2、A_4、A_5 和 A_8 梁的裂缝宽度均小于控制梁，因此，预应力钢丝绳加固和聚氨酯水泥-预应力钢丝绳加固均能够有效限制裂缝的展开，但是后者更有效。

在加载的早期阶段，预应力钢丝绳加固梁 A_2 梁比单一聚氨酯水泥加固梁 A_4 梁表现出更好的裂缝约束能力，这个阶段的预应力效应对裂缝的约束能力强于聚氨酯水泥。当荷载超过 100 kN 之后，聚氨酯水泥约束裂缝开展的能力非常明显。当荷载超过 100 kN 时，钢筋开始屈服，裂缝开口处聚氨酯水泥限制裂缝的拉伸力变得比钢丝绳大。

相比于预应力钢丝绳加固，在整个加载过程中聚氨酯水泥-预应力钢丝绳加固能更有效地限制裂缝展开。预应力钢丝绳加固的混凝土裂缝和对应的复合砂浆裂缝如图 3-35 所示。复合砂浆裂缝与混凝土裂缝同时出现，这样加固层中限制裂缝的展开完全由钢丝绳承担。然而，由于聚氨酯水泥具有较高的抗拉强度，预应力钢丝绳聚氨酯水泥加固梁中混凝土开裂后，聚氨酯水泥表面并没有出现裂纹，如图 3-36 所示。

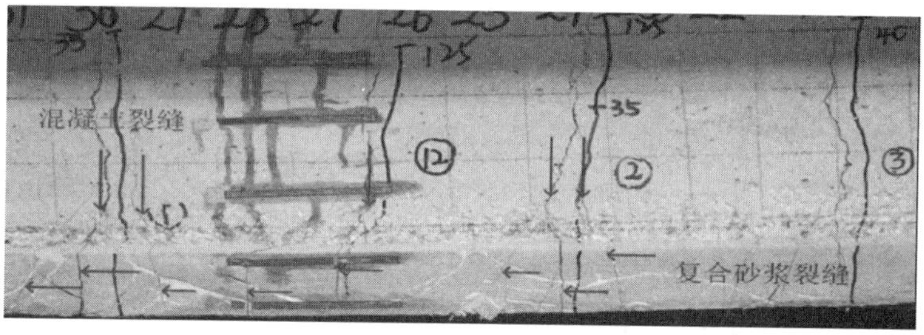

图 3-35　混凝土裂缝和对应复合砂浆裂缝图

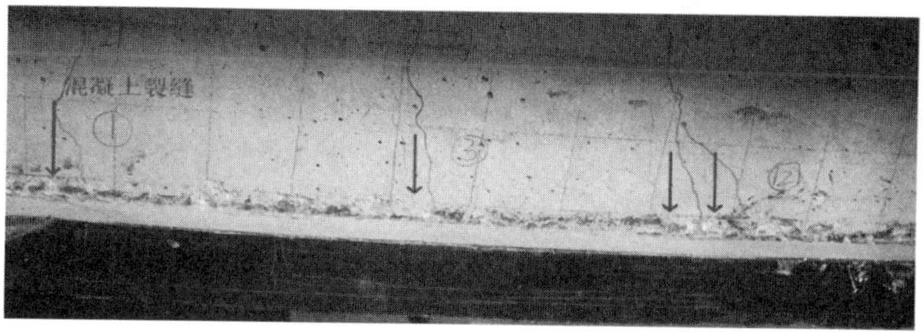

图 3-36　混凝土裂缝和完好聚氨酯水泥图

对于聚氨酯水泥-预应力钢丝绳加固梁 A_5 梁，加固层中的聚氨酯水泥和钢丝绳共同限制裂缝展开。当荷载超过 120 kN 时，A_5 梁比 A_2 梁展示出更好的裂缝限制能力，因为当荷载达到 120 kN 时，A_5 梁钢筋开始屈服，裂缝开口处聚氨酯水泥的拉伸力迅速增长，在钢筋屈服后预应力钢丝绳聚氨酯水泥加固层中聚氨酯水泥占据主导作用。然而在钢筋屈服之后，A_2 梁限制裂缝展开能力降低，因为在裂缝开口处仅由钢丝绳提供较小的拉伸力。当荷载超过 150 kN 时，A_5 梁限制裂缝展开的能力开始降低，可能是此时预应力钢丝绳聚氨酯水泥层中的钢丝绳应力几乎不再增大，加固层中限制裂缝展开由聚氨酯水泥承担，直到结构破坏。尽管在 150 kN 之后限制裂缝能力有所降低,但是结构的承载能力依然保持在一个较高的水平。

图 3-37 为 A_2、A_{2-1}、A_9 和 A_{9-1} 梁荷载-裂缝宽度关系曲线。A_2、A_{2-1} 和 A_9 加固梁的钢丝绳均嵌入 20 mm 厚度的材料中,A_2 和 A_{2-1} 梁为复合砂浆,A_9 梁为聚氨酯水泥材料。当荷载小于 70 kN 时,虽然 A_{2-1} 梁和 A_2 梁比 A_9 梁分别多布置 5 根和 3 根预应力钢丝绳,但是在裂缝形成的早期阶段,3 根梁在相同荷载作用下裂缝宽度相差不大。随着荷载的增大,大于 70 kN 之后,A_9 梁与 A_{2-1} 梁仍然保持相近的裂缝宽度,但是 A_2 梁的裂缝宽度随着荷载的增大而快速增大,明显大于其余 2 根梁。因为 A_2 梁比 A_{2-1} 梁少布置 2 根预应力钢丝绳。随着荷载的增大,钢丝绳产生拉应力,较多数量的钢丝绳同等条件下产生的总拉应力要大,因此限制裂缝展开能力强。A_9 梁虽然比 A_{2-1} 梁少 5 根钢丝绳,但是聚氨酯水泥与预应力钢丝绳共同受力,聚氨酯水泥不会随着混凝土的开裂而开裂,能够在裂缝处产生限制开裂的拉伸力,因此,即使聚氨酯水泥中缺少 5 根钢丝绳,依然具有良好的限制裂缝展开的能力。当荷载超过 110 kN 时,A_{2-1} 梁较 A_9 梁的裂缝展开迅速,随着荷载的继续增大,2 根梁的裂缝宽度差距逐渐增大。因为 A_{2-1} 梁和 A_9 梁在 110 kN 时主梁钢筋都开始进入屈服阶段,对于预应力钢丝绳加固梁 A_{2-1},加固层中限制裂缝展开完全由钢丝绳承担;对于聚氨酯水泥-预应力钢丝绳加固梁 A_9,加固层中限制裂缝展开由钢丝绳和聚氨酯水泥共同承担。随着加固梁中加固层应变的增大,预应力钢丝绳开始进入名义屈服阶段,应力增加较为缓慢,而聚氨酯水泥的应力随着应变增大而持续增大直到加固梁破坏。A_{9-1} 梁与 A_9 梁具有相同的钢丝绳布置,但是比 A_9 梁的聚氨酯水泥厚度增加了 5 mm。由于聚氨酯水泥拉应力随着应变的增大而持续增大,因此 2 根梁在加载的早期阶段裂缝宽度有一定差距,且随着荷载的增大,裂缝宽度差距逐渐增大,直到 2 根梁均发生破坏。

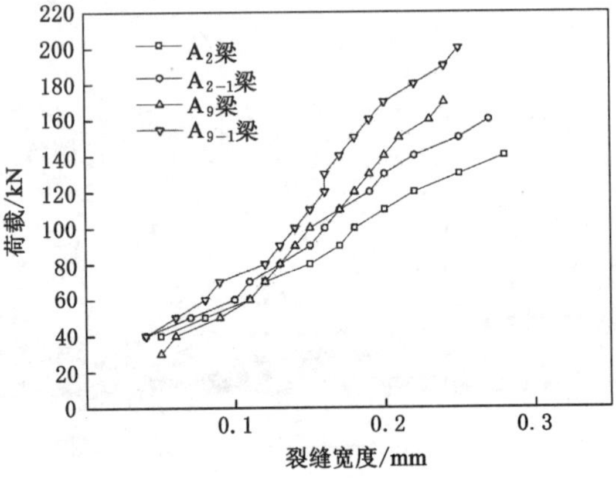

图 3-37　A_2、A_{2-1}、A_9 和 A_{9-1} 梁荷载-裂缝关系曲线

图 3-38 为 A_4、A_5、A_{10} 和 A_{10-1} 梁荷载-裂缝宽度关系曲线。A_5、A_{10} 和 A_{10-1} 梁均布置 5 根预应力钢丝绳,但是钢丝绳的张拉应力逐渐降低,分别为 700 MPa,400 MPa 和 10 MPa,而 A_4 梁中无钢丝绳布置。荷载小于 100 kN 时,即主筋钢筋屈服前,A_{10} 梁和 A_{10-1} 梁裂缝宽度接近,尤其是非预应力钢丝绳布置梁 A_{10} 梁。钢筋屈服前加固层产生的应变有限,非预应力钢丝绳及较小张拉力的预应力钢丝绳在主梁屈服时产生的应力有限,因此限制主梁裂缝展开能力较张拉力大的钢丝绳要弱。当荷载大于 100 kN 时主梁钢筋已经屈服,限制裂缝展

开完全由加固层承担。此时随着荷载的增大加固层产生应变速度较快，聚氨酯水泥中嵌入的钢丝绳对聚氨酯水泥起到加筋作用，在裂缝开口处产生的拉伸力大于未嵌入钢丝绳的聚氨酯水泥。因此，当荷载大于 100 kN 时，A_{10}梁和 A_{10-1}梁裂缝的发展趋势更接近于 A_5 梁。

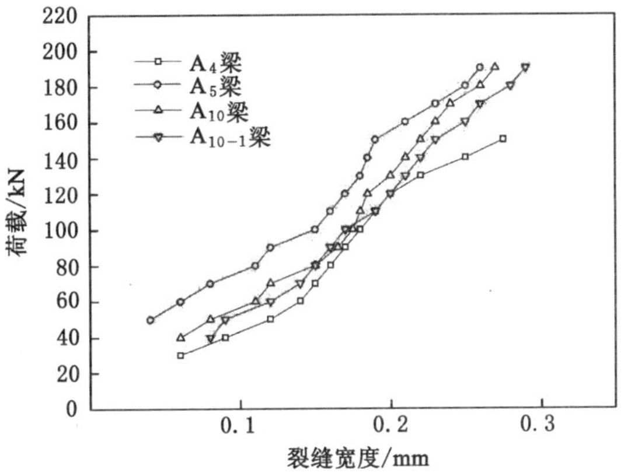

图 3-38　A_4、A_5、A_{10}和 A_{10-1}梁荷载-裂缝宽度关系曲线

对于预应力钢丝绳加固梁，加固层中复合砂浆的裂缝与混凝土裂缝同时出现，使得裂缝处的预应力钢丝绳暴露在自然环境中。对于跨河流的桥梁结构，所处环境中空气湿度特别大，频繁与水蒸气和空气接触的钢丝绳极易生锈，处于高应力状态下锈蚀的钢丝绳增加了其断裂的风险[67-69]。为了解决砂浆易开裂和结构所处环境问题，聚氨酯水泥-预应力钢丝绳加固是一种可行的方法。在加固结构破坏前聚氨酯水泥表面都不会出现裂缝，不开裂的聚氨酯水泥可以很好地将钢丝绳与自然环境隔离。此外，聚氨酯水泥良好的流动性和黏结性可以有效填充和握裹钢丝绳。其良好的耐化学腐蚀性可避免钢丝绳发生锈蚀，这样，预应力钢丝绳嵌入的聚氨酯水泥使钢丝绳耐久性提高。

3.2.3　屈服荷载和极限荷载

试验梁的承载能力见表 3-4。CB、A_1、A_2 和 A_{2-1}梁荷载对比如图 3-39 所示。A_1 梁的屈服荷载为 94 kN，比控制梁提高了 23%。A_2 梁和 A_3 梁的屈服荷载分别为 96.7 kN 和 94.1 kN，比控制梁分别提高了 30%和 27%。A_2 梁和 A_3 梁的屈服荷载与 A_1 梁相比没有明显提高，由于加固梁的复合砂浆过早开裂，砂浆并未提高梁的屈服荷载。由于 A_{2-1}梁比 A_1 梁和 A_{2-1}梁多 2 根钢丝绳，导致 A_{2-1}梁的屈服荷载有了明显提高，通常情况下，直接增加配置预应力筋数量可以有效提高屈服荷载。A_4 梁为单一的聚氨酯水泥加固梁，该梁的屈服荷载为 98.8 kN，比预应力钢丝绳加固梁略微提高，尽管聚氨酯水泥中没有预应力钢丝绳，单一的聚氨酯水泥仍然能够极大程度提高梁的屈服荷载。CB、A_2、A_3、A_5 和 A_7 梁荷载对比如图 3-40所示。A_5 梁和 A_7 梁的屈服荷载分别为 120 kN 和 118.6 kN，比预应力钢丝绳加固梁 A_2 和 A_3 梁提高显著。由于聚氨酯水泥具有良好的力学性能，钢丝绳嵌入的聚氨酯水泥对结构的屈服强度产生很大影响。与增加配置钢丝绳数量的 A_{2-1}梁相比，嵌入聚氨酯水泥提高屈服荷载的幅度更大。A_5、A_6 和 A_8 梁荷载对比如图 3-41 所示。A_8 梁的屈服荷载比控制梁提高了 137%，比 A_5 梁提高了 14.2%，表明加固梁的屈服荷载随着聚氨酯水泥厚度的增加而提高。A_6 梁屈服荷载仅比控制梁提高了 51%，而采用梁端锚固的 A_5 梁提高了

61.5%。与 A_5 梁相比，A_6 梁屈服荷载下降了 6.7%。因此，仅依靠聚氨酯水泥不能够稳定锚固钢丝绳，在达到屈服荷载时，两端的混凝土出现小斜裂缝，聚氨酯水泥有微小滑移。

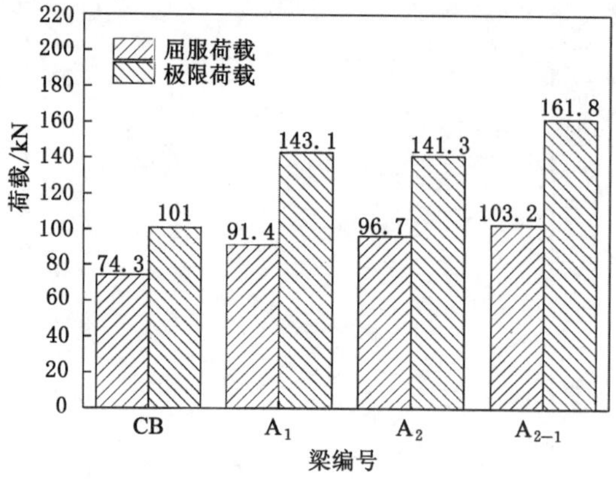

图 3-39　CB、A_1、A_2 和 A_{2-1} 梁荷载对比图

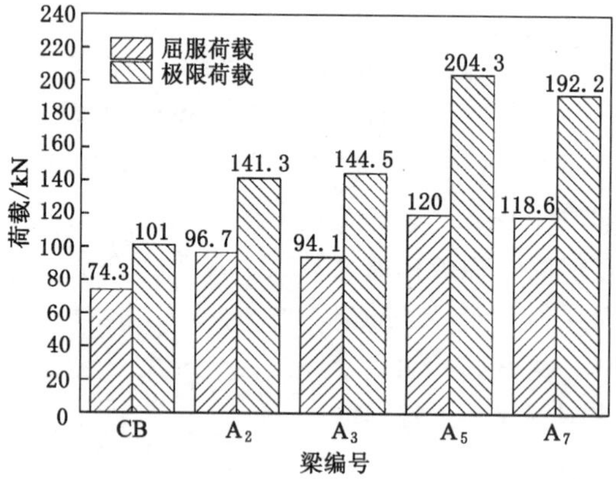

图 3-40　CB、A_2、A_3、A_5 和 A_7 梁荷载对比图

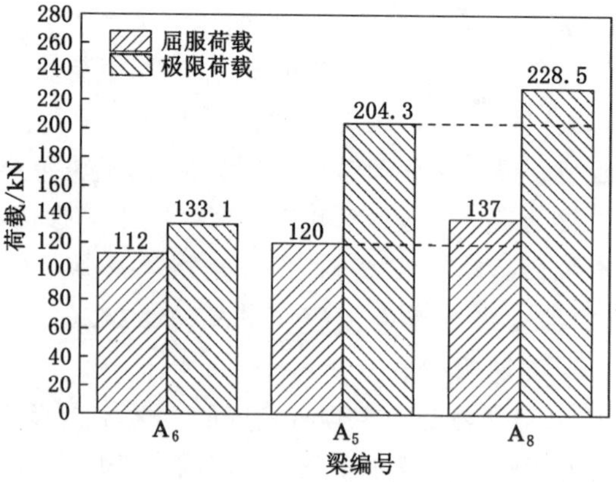

图 3-41　A_5、A_6 和 A_8 梁荷载对比图

A_{2-1}、A_9 和 A_{9-1} 梁荷载对比如图 3-42 所示。A_9 梁虽然比 A_{2-1} 梁少 5 根钢丝绳，均嵌入

20 mm 厚度的材料中，但是由于嵌入材料不同，A_9 梁的屈服荷载比 A_{2-1} 梁反而高 6.9%。A_{9-1} 梁嵌入 25 mm 厚度的聚氨酯水泥中，同样比 A_{2-1} 梁少 5 根钢丝绳，屈服荷载为 130.2 kN，比 A_{2-1} 梁高 26.2%。表明在必要条件下如果减少钢丝绳的数量，将钢丝绳嵌入聚氨酯水泥中可以满足屈服强度的要求。

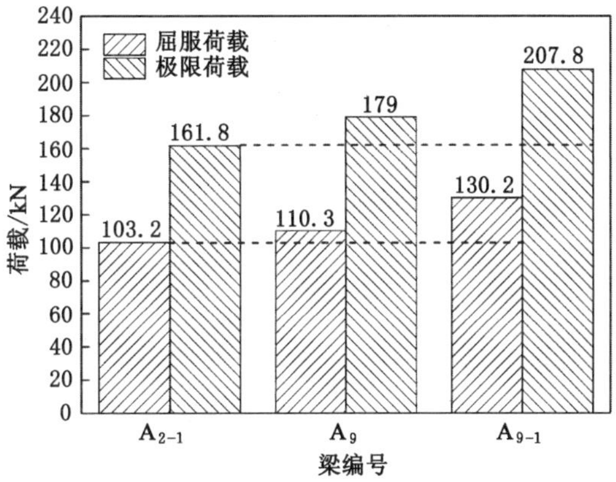

图 3-42　A_{2-1}、A_9 和 A_{9-1} 梁荷载对比图

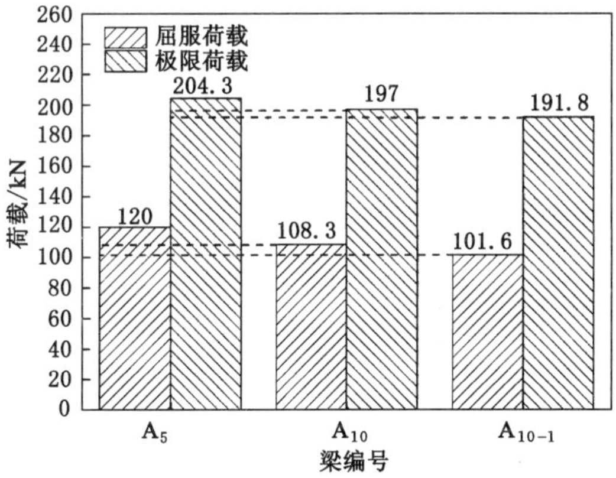

图 3-43　A_5、A_{10} 和 A_{10-1} 梁荷载对比图

A_5、A_{10} 和 A_{10-1} 梁荷载对比如图 3-43 所示。A_5、A_{10} 和 A_{10-1} 梁的屈服荷载依次降低，表明随着预应力钢丝绳预加应力的降低，加固梁的屈服强度降低。主梁钢筋达到屈服点时，3 根梁的钢筋所产生的拉伸应变大致相同。预应力钢丝绳在聚氨酯水泥中如果不产生相对滑移，这样 3 根梁在屈服时，加固层中钢丝绳和聚氨酯水泥的拉伸应变相较于加载前增加值相同，由于初始张拉应变不同，导致达到屈服点时钢丝绳的总拉伸应变不同。从而屈服时 A_5、A_{10} 和 A_{10-1} 梁中的钢丝绳产生拉力依次降低，又因为 3 根梁中聚氨酯水泥产生拉力相同，导致 A_5、A_{10} 和 A_{10-1} 梁产生的抵抗弯矩依次降低，因此，A_5、A_{10} 和 A_{10-1} 梁的屈服荷载依次降低。

A_5、A_{11} 和 A_{11-1} 梁荷载对比图如图 3-44 所示。由图 3-44 可知：负载加固梁 A_{11} 和 A_{11-1} 梁的屈服荷载分别比非负载加固梁 A_5 和 A_{10} 梁的低约 6.5% 和 6.0%。负载加固梁预先加载至 50 kN，然后卸载至 30 kN 进行加固。负载后钢筋中会产生拉伸应变，预应力张拉后，钢筋中的拉应变减小。

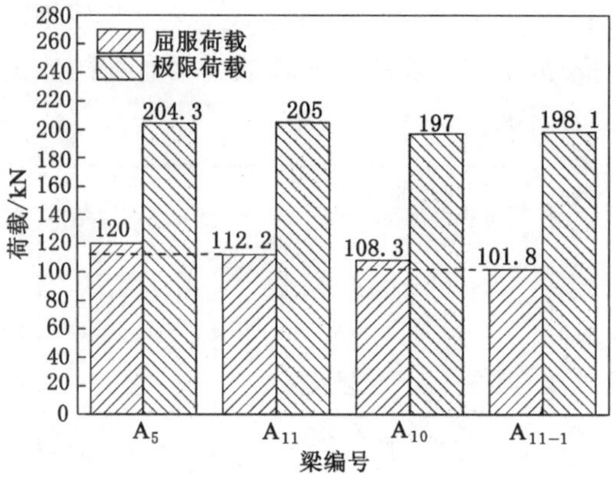

图 3-44　A_5、A_{11}、A_{10} 和 $A_{11\text{-}1}$ 梁荷载对比图

由于上部荷载作用,同等张拉情况下,负载下钢筋拉伸应变减小幅度没有直接加固梁减小幅度大,导致聚氨酯水泥浇筑前负载加固梁中钢筋拉伸应变大于直接加固梁,或者此时负载加固梁中的钢筋为拉应变,而直接加固梁中的钢筋为压应变。负载加固梁比直接加固梁中的主筋达到屈服点所需的拉伸应变小,导致屈服时负载加固梁加固层中的预应力钢丝绳聚氨酯水泥发生的拉伸应变和应力小。因此,负载加固梁 A_{11} 和 $A_{11\text{-}1}$ 梁的屈服荷载分别小于非负载加固梁 A_5 和 A_{10} 梁。

CB、A_1、A_2 和 $A_{2\text{-}1}$ 梁极限强度如图 3-39 所示,预应力钢丝绳加固梁 A_2 和 A_3 梁的极限荷载分别为 141.3 kN 和 144.5 kN,比控制梁分别提高了 40%和 43%,2 根梁均发生钢丝绳断裂破坏。$A_{2\text{-}1}$ 梁比 A_1 梁和 A_2 梁多 2 根钢丝绳,导致极限荷载比 A_1 梁和 A_2 梁分别提高了 13.1%和 14.5%,说明提高钢丝绳配置量可以有效提高混凝土梁的极限承载能力,极限承载能力的提高幅度大于相应的屈服荷载的提高幅度。A_4 梁的极限荷载为 168.7 kN,尽管 A_4 梁的聚氨酯水泥中没有嵌入预应力钢丝绳,与 A_2 梁和 A_3 梁相比,极限强度提高明显。预应力钢丝绳加固梁中的钢丝绳在梁破坏前已经发生屈服,而聚氨酯水泥加固梁中聚氨酯水泥的拉伸强度一直增大直到结构发生破坏。

CB、A_2、A_3、A_5 和 A_7 梁极限荷载对比如图 3-40 所示。A_5 梁和 A_7 梁的承载能力分别为 204.3 kN 和 192.2 kN,与 A_2 梁相比分别提高了 44.6%和 36.0%。钢丝绳配置相同的情况下,将钢丝绳嵌入聚氨酯水泥中可以有效提高加固梁的承载能力,且提高幅度较为可观。A_5 梁和 A_7 梁的破坏模式均为钢丝绳与聚氨酯水泥同时发生断裂。因此,更厚的聚氨酯水泥层能够进一步提高梁的承载能力。如图 3-41 所示,A_8 梁的极限承载能力为 228 kN,由于增加了 10 mm 的聚氨酯水泥层,比 A_5 梁极限承载能力提高 11.8%。由于屈服时 A_6 梁聚氨酯水泥-预应力钢丝绳加固层端部的混凝土已经出现斜向小裂纹,随着荷载的继续增大,挠度增大较快,而荷载增大幅度较小,随着加固层端部突然发生混凝土剥离,达到极限强度 133.1 kN,与 A_5 梁相比降低了 53.5%。

$A_{2\text{-}1}$、A_9 和 $A_{9\text{-}1}$ 梁极限荷载对比如图 3-42 所示。A_9 梁虽然比 $A_{2\text{-}1}$ 梁少 5 根钢丝绳,但是由于嵌入材料不同,A_9 梁的极限荷载比 $A_{2\text{-}1}$ 梁高 10.6%。$A_{9\text{-}1}$ 梁同样比 $A_{2\text{-}1}$ 梁少 5 根钢丝绳,由于 $A_{9\text{-}1}$ 梁钢丝绳嵌入的聚氨酯水泥厚度为 25 mm,$A_{9\text{-}1}$ 梁极限承载能力达到 207.8

kN,比 A_{2-1} 梁高 28.4%。所以在工程中,如果不可避免减少钢丝绳数量,且保证承载能力满足要求,将钢丝绳嵌入聚氨酯水泥中可以达到目的。

A_5、A_{10} 和 A_{10-1} 梁极限承载力对比如图 3-43 所示。随着预应力张拉应力的降低,加固梁的极限承载能力有所降低,A_{10-1} 梁降低幅度更为明显。由于钢丝绳初始张拉应力较小,张拉的钢丝绳产生较小的拉应变。又因为钢丝绳嵌入聚氨酯水泥,如果不发生相对滑移,那么钢丝绳与聚氨酯水泥在加载过程中产生的应变变化相同。由于聚氨酯水泥极限拉伸应变小于钢丝绳,聚氨酯水泥达到极限强度发生断裂时,钢丝绳还没有达到屈服强度。因此聚氨酯水泥发生断裂时,这 3 根梁中钢丝绳所达到的张拉强度均不相同,因此加固梁极限承载能力随着钢丝绳张拉力的降低而有所降低。

A_5、A_{11}、A_{10} 和 A_{11-1} 梁极限荷载对比如图 3-44 所示。由图 3-44 可知:负载加固梁 A_{11}、A_{11-1} 梁的极限承载能力分别与非负载加固梁 A_5、A_{10} 梁相当。负载加固梁与非负载加固梁相比,极限承载能力没有降低。因此,负载对加固梁极限承载能力无显著影响。

预应力受力体系中,同等张拉条件下,梁端部锚固力会随着钢丝绳数量的增加而增大。通常情况下为了提高梁体承载能力,最直接、有效的方法是增加预应力钢丝绳的配置数量。随着锚固力的增加,梁端部锚固的安全性会受到危害。因为预应力钢丝绳加固的钢丝绳是通过锚具与主梁进行连接的,而锚具往往通过焊接在主筋上,过大的预加力会使焊接面开焊而失效。通过减少钢丝绳数量来降低锚固端的锚固力是一种保证锚固安全的有效途径。将预应力钢丝绳嵌入聚氨酯水泥中,在保证极限承载能力的同时,保证锚固端部的安全性。例如,A_9 梁和 A_{9-1} 梁比 A_{2-1} 梁少了 5 根钢丝绳,端部张拉时的锚固力仅为 A_{2-1} 梁的2/7,大大提高了锚具的安全性。由于 A_9 梁和 A_{9-1} 梁的钢丝绳嵌入材料为聚氨酯水泥,具有较高的拉伸强度,致使 A_9 梁和 A_{9-1} 梁的屈服荷载分别比 A_{2-1} 梁提高 6.9%和 26.1%,极限荷载分别提高了 10.6%和 28.4%。因此,将钢丝绳嵌入聚氨酯水泥材料中,在提高锚具安全性的同时还可以保证加固梁承载能力不会降低。故与同等条件下的预应力钢丝绳加固梁相比,聚氨酯水泥-预应力钢丝绳加固梁能够明显提高加固梁的屈服荷载和极限荷载。

3.2.4　梁刚度分析

截面刚度是评价混凝土梁服务能力的一个重要指标。表 3-6 列出了各个试验梁在挠度为 $l/500$、$l/400$ 和 $l/300$ 时对应的荷载值,$P_{l/500}$、$P_{l/400}$ 和 $P_{l/300}$ 代表跨中挠度分别为 $l/500$,$l/400$ 和 $l/300$ 时的荷载值,l 为计算跨径。

所有试验梁的 $P_{l/400}$ 见表 3-6。所有加固梁的刚度均比对比梁高。梁 A_1 的 $P_{l/400}$ 值为 75.3 kN,比未加固梁增长了 15.5%。就未加固梁而言,混凝土内部的钢筋通过控制梁的裂缝来影响梁的刚度。A_1 梁为无黏结预应力钢丝绳加固梁,加固梁的刚度主要取决于钢丝绳在梁底施加的预加力,加载过程中控制裂缝的发展[70]。A_2 梁 $P_{l/400}$ 值为 75.7 kN,几乎与 A_1 梁的数值相同,说明在加固梁中复合砂浆对刚度无影响。虽然复合砂浆增大了加固梁的横截面,但是在加载过程中复合砂浆会随着主梁混凝土的开裂而开裂,钢丝绳嵌入的复合砂浆并未对裂缝展开起约束作用,因此对梁的整体刚度并无实质性影响。由于 A_{2-1} 梁比 A_2 梁多 2 根钢丝绳,使梁底部预加力略大于 A_2 梁,从而能够更好地限制裂缝展开而获得更大的刚度。A_3 梁 $P_{l/400}$ 值为 69.8 kN,比 A_2 的完好加固梁降低了约 9.1%。A_3 梁预先加载开裂后进行加固,梁体加固前裂缝已经产生,已形成的裂缝因预应力的施加而闭合。由于复合砂浆抗拉强度低，加固层中限制原裂缝展开仅由钢丝绳承担，随着上部荷载的增加，原裂缝快速展开，导致梁体刚度降低。A_5 梁的 $P_{l/400}$ 值为 96.3 kN，比对应的 5 根钢丝绳加固的 A_2 梁提高了 27.2%，说明聚氨酯水泥材料作为钢丝绳嵌入材料能够极大限度地提高结构的刚度。聚氨酯水泥与复合砂浆增加的截面相同，但是在加固梁承受荷载过程中，聚氨酯水泥由于具有较高的抗拉强度而未发生开裂。一方面，钢丝绳形成的预压应力作用，使梁底缘具有一定压应力储备。另一方面，加载过程中，聚氨酯水泥能很好地限制裂缝形成和展开，从而致使梁体整体刚度得到提升。

A_7 梁的 $P_{l/400}$ 值为 92.6 kN，与 A_5 梁相比仅降低 2.3%，相同情况下预应力钢丝绳加固梁降低 9.1%。由于预应力效应，使得加固梁 A_7 预开裂裂缝闭合完好，聚氨酯水泥材料直接作用于梁底，能够很好地限制原裂缝的展开。另外，聚氨酯水泥内部嵌入的钢丝绳能够很好地对聚氨酯水泥起到加筋作用。与 A_5 梁相比，由于多了 10 mm 厚度聚氨酯水泥，A_8 梁的 $P_{l/400}$ 值提高了 15.7%，因此随着聚氨酯水泥厚度的增加，梁体刚度提高幅度较大。A_9 梁比 A_5 梁缺少 3 根钢丝绳，由 $P_{l/400}$ 值可知加固梁随着预应力钢丝绳数量的减少而降低。$A_{9\text{-}1}$ 梁虽然比 A_5 梁少 3 根钢丝绳，但是比 A_5 梁多 5 mm 厚的聚氨酯水泥，反而致使 $A_{9\text{-}1}$ 梁的 $P_{l/400}$ 值比 A_5 梁高 6.8%。由此可知：为了保证梁使用期间的刚度要求，如果不可避免地降低钢丝绳用量，可以将钢丝绳嵌入聚氨酯水泥中，从而使梁刚度得到保证。

由 A_5、A_{10} 和 $A_{10\text{-}1}$ 梁计算结果可知：加固梁的刚度随着预应力钢丝绳张拉应力的降低而逐渐降低。由于预应力的大小直接影响梁底缘预压应力的大小，通常情况下底缘预压应力直接影响梁的开裂情况而导致梁的刚度不同。A_{11} 和 $A_{11\text{-}1}$ 梁的 $P_{l/400}$ 值分别小于 A_5 和 A_{10} 梁的 $P_{l/400}$ 值，结果负载加固梁的刚度小于非负载加固梁的刚度。加固前负载加固梁预加载至 50 kN，导致梁体预先出现裂缝。卸载至 30 kN 进行加固，虽然梁体底部施加预应力能够使原裂缝能够闭合一定程度，但是受上部荷载影响，裂缝不能很好地封闭，导致梁初始刚度降低。

因此，与同等条件下的预应力钢丝绳加固梁相比，聚氨酯水泥-预应力钢丝绳加固梁能够明显提高加固梁体的刚度。

表 3-5　试验梁在 $l/500$、$l/400$ 和 $l/300$ 挠度下的荷载值

梁编号	$P_{l/500}$/kN	提高比例/%	$P_{l/400}$/kN	提高比例/%	$P_{l/300}$/kN	提高比例/%
CB	53.5	—	65.2	—	84.8	—
A_1	61.3	14.6	75.3	15.5	96.1	13.3
A_2	63.8	19.3	75.7	16.1	95.2	12.3
$A_{2\text{-}1}$	67.4	26.0	79.2	21.5	101.4	19.6
A_3	58.1	8.6	68.8	7.1	89.4	5.4
A_4	69.0	29.0	84.8	30.1	107.6	26.9
A_5	80.1	49.7	96.3	47.7	122.1	44.0
A_6	79.2	48.0	91.8	40.8	108.3	27.7
A_7	76.9	43.7	93.6	42.0	115.9	36.7
A_8	92.4	72.7	111.4	70.9	138.1	62.9

表 3-5(续)

梁编号	$P_{l/500}$/kN	提高比例/%	$P_{l/400}$/kN	提高比例/%	$P_{l/300}$/kN	提高比例/%
A_9	74.4	39.1	91.4	40.2	113.9	34.3
A_{9-1}	85	58.9	102.9	57.8	128.2	51.2
A_{10}	73.2	36.8	91.2	39.9	114.9	35.5
A_{10-1}	70.5	31.8	88.5	35.7	111.6	31.6
A_{11}	73.9	38.1	89.3	37.0	114.2	34.7
A_{11-1}	68.2	27.5	84.3	29.3	107.6	36.9

3.2.5　应变分析

A_2 和 A_5 梁的应力-应变关系曲线如图 3-45 所示。A_2 梁加载到屈服荷载 96.7 kN 时，钢丝绳的应变是 7 092 $\mu\varepsilon$，对应的应力为 1 016 MPa，A_2 梁钢丝绳减去初始应变后，钢丝绳应变净增加量为 2 132 $\mu\varepsilon$。在 96.7 kN 荷载作用下，A_5 梁的应变为 6 594 $\mu\varepsilon$，相应的应力为 961 MPa，A_5 梁的钢丝绳减去初始应变后，钢丝绳应变净增加量为 1 580 $\mu\varepsilon$，比 A_2 梁钢丝绳应变净增加量小得多。此外，在相同试验荷载作用下，A_5 梁钢筋的应变比 A_2 梁小得多。当梁底拉伸应变接近 600 $\mu\varepsilon$ 时，A_2 梁的复合砂浆开裂，在荷载达到 96.7 kN 之前复合砂浆已经开裂。然而，当荷载达到 96.7 kN 时，梁底聚氨酯水泥材料的应变值为 1 873 $\mu\varepsilon$，对应的应力约为 11.3 MPa。因此，预应力钢丝绳嵌入的聚氨酯水泥能够延迟主梁钢筋屈服。当 A_5 梁达到屈服荷载 120 kN 时，减去初始张拉应变后，钢丝绳净应变增加量为2 155 $\mu\varepsilon$。在该荷载作用下，A_2 梁钢丝绳的净增加量为 2 804 $\mu\varepsilon$，远大于 A_5 梁钢丝绳的应变净增加量。此时，A_5 梁聚氨酯水泥的应变是 2 494 $\mu\varepsilon$，对应的应力约为 14.9 MPa。因此，聚氨酯水泥材料能够有效提高主梁的承载能力。在极限荷载 228.8 kN 作用下，A_5 梁聚氨酯水泥的最大应变为 7 369 $\mu\varepsilon$，对应的应力为 37.0 MPa。

CB、A_5 和 A_6 梁的钢筋、钢丝绳和聚氨酯水泥的荷载-应变关系曲线如图 3-46 所示。在低于屈服荷载作用下，A_6 梁的荷载-应变关系曲线与 A_5 梁类似。结果表明：在加载的早期阶段，钢丝绳仅由聚氨酯水泥进行锚固是可行的。随着荷载的增大，加固层的应变随之增

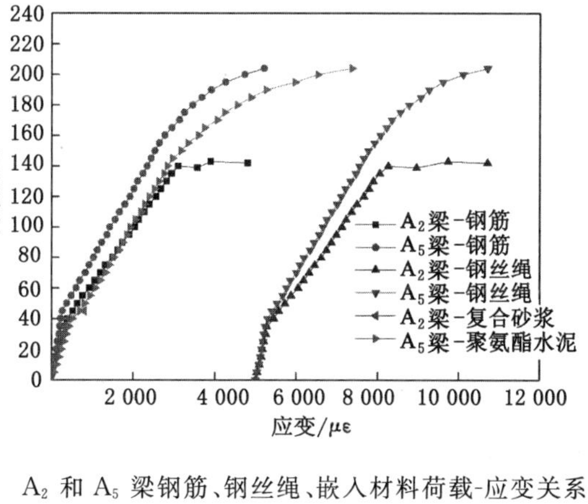

图 3-45　A_2 和 A_5 梁钢筋、钢丝绳、嵌入材料荷载-应变关系曲线

加,但并没有引起钢丝绳的滑移。当达到 133 kN 时,加固梁因为锚固失效而发生破坏,此时钢丝绳应变为 6 900 $\mu\varepsilon$,聚氨酯水泥的应变为 1 950 $\mu\varepsilon$,对应极限荷载下的强度约为 11.9 MPa,仅为材料极限强度的 30%,这种情况下材料的强度没有得到充分利用,极限强度的提高没有 A_5 梁明显。为了充分利用聚氨酯水泥而不引起材料过早剥离破坏,对钢丝绳进行梁端锚具锚固是非常有必要的。

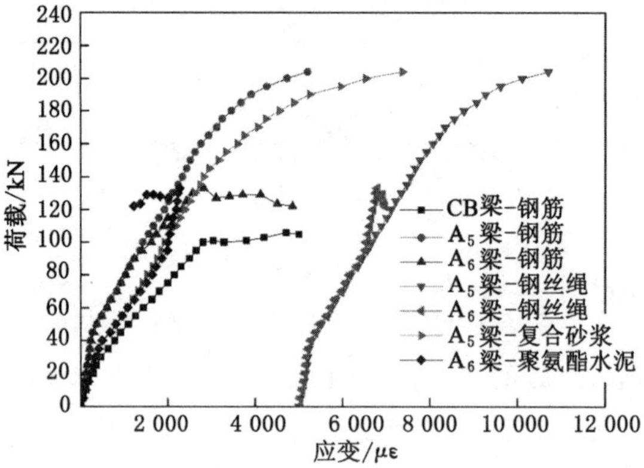

图 3-46　CB、A_5 和 A_6 梁钢筋、钢丝绳和聚氨酯水泥荷载-应变关系曲线

如图 3-47 所示,A_5 梁和 A_8 梁中的钢筋、钢丝绳和聚氨酯水泥应变变化规律相似。由于 A_8 梁中钢丝绳嵌入聚氨酯水泥材料的厚度比 A_5 梁大 10 mm,相同荷载作用下,A_8 梁中钢筋、钢丝绳和聚氨酯水泥的应变比 A_5 梁的小。

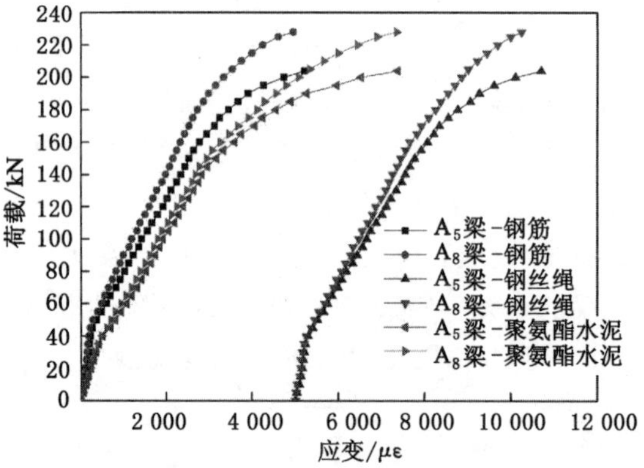

图 3-47　A_5 和 A_8 梁钢筋、钢丝绳和聚氨酯水泥荷载-应变关系曲线

$A_{2\text{-}1}$和 A_9 梁钢筋、钢丝绳、复合砂浆和聚氨酯水泥材料的应变如图 3-48 所示。$A_{2\text{-}1}$梁加载到屈服荷载 103.2 kN 时,钢丝绳的应变为 6 905 $\mu\varepsilon$,对应的应力为 987 MPa。减去初始应变后 $A_{2\text{-}1}$梁钢丝绳的应变净增加量为 2 007 $\mu\varepsilon$。在 103.2 kN 荷载作用下,A_9 梁的应变为 6 977 $\mu\varepsilon$,对应的应力为 992 MPa,减去初始应变后 A_9 梁的钢丝绳应变净增加量为 2 086 $\mu\varepsilon$,与 $A_{2\text{-}1}$梁钢丝绳应变净增加量接近。虽然 A_9 梁比 $A_{2\text{-}1}$梁少配置 5 根预应力钢丝绳,在相同试验荷载作用下,A_9 梁钢筋的应变值与 A_2 梁较接近。当梁底拉伸应变接近 700 $\mu\varepsilon$ 时,$A_{2\text{-}1}$梁的复合砂浆发生开裂,在荷载达到 103.2 kN 之前复合砂浆已经开裂。然而,当

荷载达到 103.2 kN 时，梁底聚氨酯水泥的应变为 1 956 $\mu\varepsilon$，对应的应力约为 12.1 MPa。因此，虽然降低预应力钢丝绳使用数量，将预应力钢丝绳嵌入聚氨酯水泥，能够保证加固梁屈服强度达到要求。当荷载达到 161.8 kN 时，A_{2-1} 梁达到了极限强度，钢丝绳发生名义屈服，在此之前钢筋早已进入屈服阶段。然而，当荷载达到 161.8 kN 时，A_9 梁的钢丝绳还未达到名义屈服强度，聚氨酯水泥还未断裂，此时聚氨酯水泥应变为 4 806 $\mu\varepsilon$，对应的应力为 27.8 MPa，还未达到聚氨酯水泥抗拉极限。

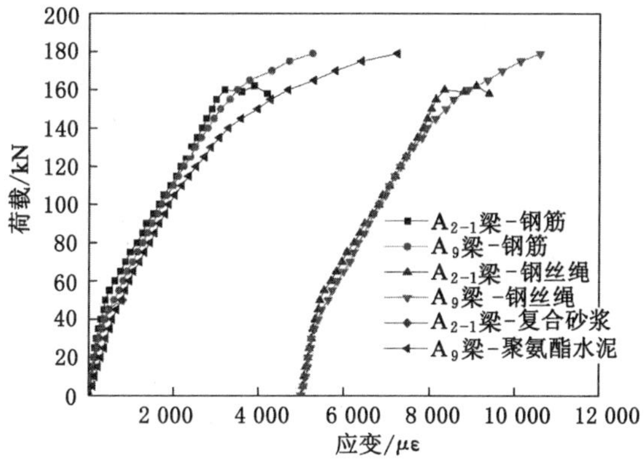

图 3-48　A_{2-1} 和 A_9 梁钢筋、钢丝绳、复合砂浆和聚氨酯水泥荷载-应变关系曲线

A_5 和 A_9 梁钢筋、钢丝绳和聚氨酯水泥应变如图 3-49 所示。A_5 和 A_9 梁分别布置 5 根和 2 根钢丝绳，均嵌入 20 mm 厚的聚氨酯水泥中。由图 3-48 可知：2 根梁中的钢筋、钢丝绳和聚氨酯水泥荷载-应变关系曲线变化趋势相似。由于 A_5 梁中钢丝绳比 A_9 梁多 3 根，在相同荷载作用下，A_9 梁中钢筋、钢丝绳和聚氨酯水泥的应变比 A_9 梁的小。A_5 梁钢筋屈服后，相同荷载作用下 2 根梁的钢丝绳的拉伸应变差值逐渐变大。由于钢筋进入屈服状态，加固梁承载能力进一步提高，主要由加固层中的钢丝绳和聚氨酯水泥承担。由于 A_5 梁中钢丝绳数量比 A_9 梁多，随着荷载的增加，A_5 梁中的钢丝绳使梁的承载能力提高幅度较大，导致 2 根梁钢丝绳的拉伸应变差值逐渐增大。

A_9 和 A_{9-1} 梁钢筋、钢丝绳和聚氨酯水泥荷载-应变关系曲线如图 3-50 所示。2 根加固梁均布置 2 根预应力钢丝绳，A_9 梁和 A_{9-1} 梁分别嵌入厚度为 20 mm 和 25 mm 的聚氨酯水

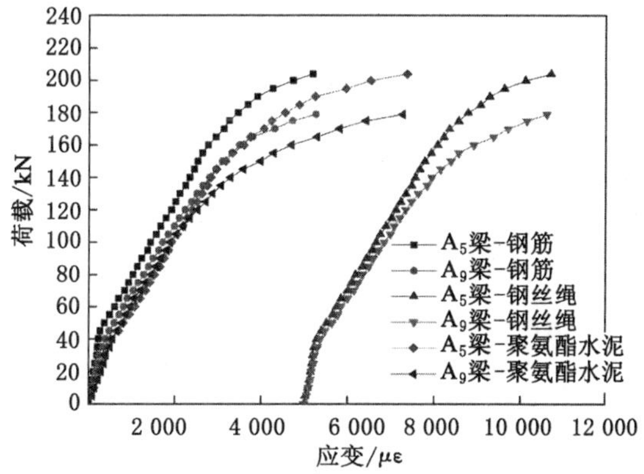

图 3-49　A_5 和 A_9 梁钢筋、钢丝绳和聚氨酯水泥荷载-应变关系曲线

泥材料中。由曲线可知:2 根梁中的钢筋、钢丝绳和聚氨酯水泥材料荷载-应变关系曲线变化趋势相似,由于 A_{9-1} 梁中钢丝绳嵌入聚氨酯水泥材料的厚度比 A_9 大 5 mm,在相同荷载作用下,A_{9-1} 梁中钢筋、钢丝绳和聚氨酯水泥的应变比 A_9 梁的小。随着钢丝绳进入名义屈服状态,在相同荷载作用下 2 根梁的聚氨酯水泥材料的拉伸应变差值逐渐增大,这是由于钢筋进入屈服状态,此时梁中的预应力钢丝绳也接近名义屈服强度。随着荷载的增大,主要由聚氨酯水泥来提高梁的承载能力,由于 A_{9-1} 梁中钢丝绳嵌入聚氨酯水泥材料的厚度比 A_5 梁大 5 mm,因此 2 根梁的聚氨酯水泥的拉伸应变的差值逐渐增大。

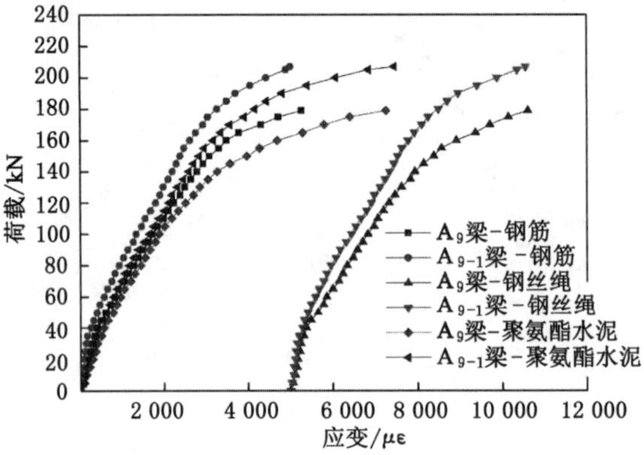

图 3-50　A_9 和 A_{9-1} 梁钢筋、钢丝绳和聚氨酯水泥荷载-应变关系曲线

A_5、A_{10} 和 A_{10-1} 梁的钢筋、钢丝绳荷载-应变关系曲线如图 3-51 所示。3 根梁布置相同数量的钢丝绳和相同厚度的聚氨酯水泥,但是 3 根梁的初始张拉应力不同。由曲线可知:虽然钢丝绳初始张拉应力不同,但是钢筋和钢丝绳的变化趋势大致相同。由于初始张拉应力不同,导致 3 根梁的极限荷载不同,A_5 梁发生破坏时,钢丝绳应变大于 10 000 με,钢丝绳早已进入名义屈服状态。然而,A_{10} 梁发生破坏时,钢丝绳应变为 8 910 με,由钢丝绳的拉伸应力-应变关系曲线可知此时钢丝绳还没有达到名义屈服强度,钢丝绳强度并没有充分发挥出来,因此极限强度略低于 A_5 梁。A_{10-1} 梁中钢丝绳初始张拉应力更小,可以认为是非预应力状态,当 A_{10-1} 梁破坏时,钢丝绳拉伸应变为 5 910 με,远没有达到名义屈服强度,因此 A_{10-1} 梁的极限强度在 3 根梁中最小。

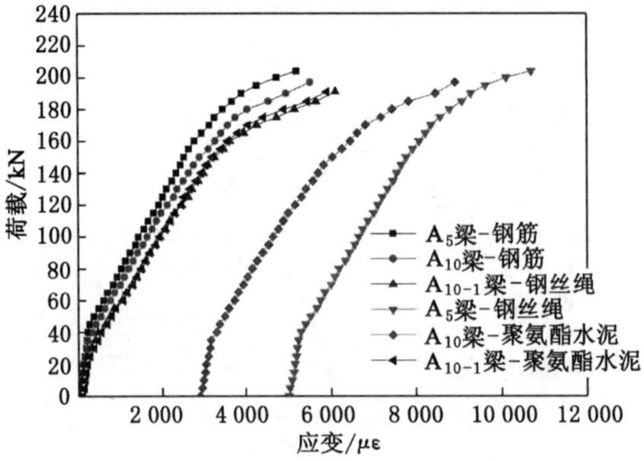

图 3-51　A_5、A_{10} 和 A_{10-1} 梁的钢筋、钢丝绳荷载-应变关系曲线

因此，与同等条件下的预应力钢丝绳加固梁相比，聚氨酯水泥-预应力钢丝绳加固梁能够明显提高加固梁的强度，使等荷载作用下加固梁主筋、预应力钢丝绳的应变减小。

图 3-52 和图 3-53 描绘了不同聚氨酯水泥厚度时沿梁高度的聚氨酯水泥和混凝土应变分布。可以清楚看到：受拉区与受压区各点材料应变分布基本呈线性，表明聚氨酯水泥-预应力钢丝绳加固的受弯构件的截面应变分布仍然符合平截面假定。

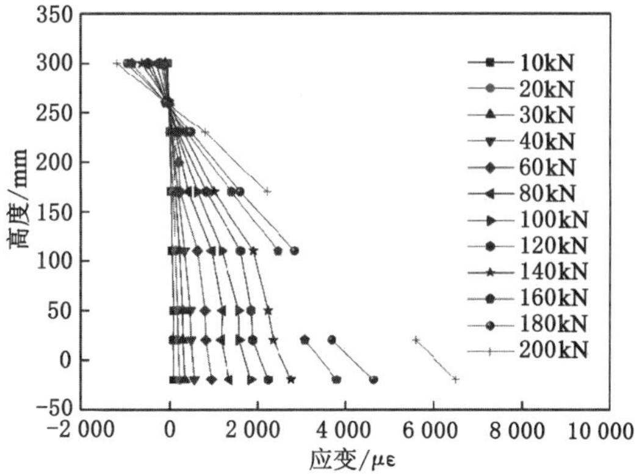

图 3-52　A_5 梁沿梁高的应变图

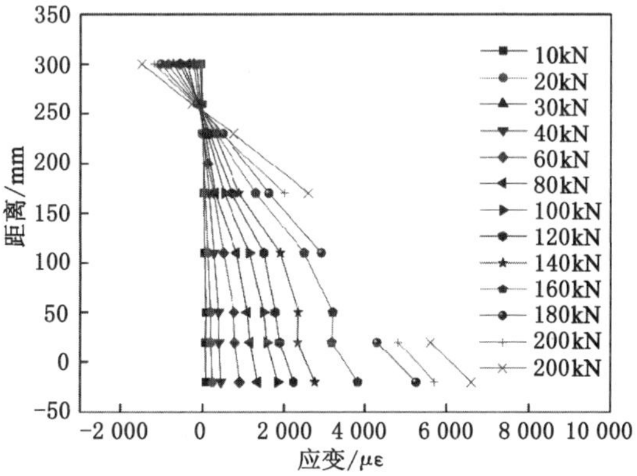

图 3-53　A_8 梁沿梁高的应变图

3.3　本章小结

本章对 16 根 T 形梁试件进行抗弯试验研究，通过对聚氨酯水泥-预应力钢丝绳加固梁抗弯性能的试验分析，阐述了设计参数，如钢丝绳嵌入材料（无黏结、复合砂浆、聚氨酯水泥）、钢丝绳锚固形式、聚氨酯水泥厚度、钢丝绳数量、钢丝绳预应力大小、梁是否预裂、是否带载加固等，对加固效果的影响，得出以下结论：

(1) 与预应力钢丝绳加固相比，聚氨酯水泥-预应力钢丝绳加固能够明显提高加固梁的屈服荷载和极限荷载；聚氨酯水泥-预应力钢丝绳加固梁（20 mm 厚度 PUC）的屈服荷载和极限荷载比对应的钢丝绳加固梁分别提高了 24.1%和 44.6%，即使去除加固层中的钢丝绳，屈服荷载和极限荷载也分别提高 2.2%和 19.4%。

（2）聚氨酯水泥-预应力钢丝绳加固的限制裂缝展开能力强于预应力钢丝绳加固梁，尤其主梁钢筋屈服后更明显。聚氨酯水泥在整个加载过程中没有开裂，直到最后加固层才断裂。结合材料具有良好的耐化学腐蚀性，这种现象理论上能够增强钢丝绳的使用耐久性。

（3）聚氨酯水泥-预应力钢丝绳加固梁的刚度明显高于预应力钢丝绳加固梁。聚氨酯水泥-预应力钢丝绳加固的预裂梁在 $l/500$ 挠度下的荷载与未预裂加固梁相比并没有明显降低；而预应力钢丝绳加固的预裂梁在 $l/500$ 挠度下的荷载明显低于未预裂加固梁。

（4）加固梁的强度、限制裂缝展开能力、刚度随着加固层的聚氨酯水泥厚度的增加而提高。仅靠聚氨酯水泥锚固梁时发生了加固层与混凝土黏结破坏，为保证加固层中聚氨酯水泥能够得到充分利用，对梁端锚具锚固是有必要的。

（5）加固梁的强度、刚度和限制裂缝展开能力随着预应力的降低而降低。与完好加固梁相比，负载加固梁破坏时的挠度比直接加固梁大，结构刚度降低，屈服荷载降低，但是极限承载力并没有明显降低。

（6）弯曲加载过程中，同一位置的聚氨酯水泥与钢筋应变相近，满足材料的应变协调关系。沿梁高度的受拉区与受压区各点材料应变分布基本呈线性，表明聚氨酯水泥-预应力钢丝绳加固的受弯构件的截面应变分布仍然符合平截面假定。

第 4 章　抗弯加固有限元模拟分析

4.1　引言

数值分析在土木工程领域中的应用随着计算机技术的发展变得十分普遍。数值模拟计算能够使结构分析更加理想，使研究者可以直观地进行研究分析。数值模拟作为一种重要的计算手段，进行结构构件的模拟分析，其结果可供进行相关结构试验时参考，可大幅降低试验成本。本书利用聚氨酯水泥-预应力钢丝绳进行加固梁的抗弯性能研究，在结构破坏时，混凝土梁原材料和加固材料均发生了非线性变化，使加固结构理论分析的难度增大。解决上述问题最有效的方法是有限元方法，有限元求解法的基本步骤是相同的[71-72]。本书对聚氨酯水泥-预应力钢丝绳加固混凝土梁的研究分析的关键是结构单元选取、材料性能定义及材料之间的边界条件。国内外学者对钢筋混凝土构件[73-76]、纤维布加固构件[77-80]和钢-混凝土组合构件[81-85]进行了大量的有限元模拟分析。对于求解复杂的非线性问题，Abaqus 软件作为一种国际上常用的有限元分析软件，其丰富的材料数据库和内部强大的公式求解器可以使所遇到的问题更容易得到解决。

4.2　材料的本构模型

4.2.1　混凝土材料的本构模型

Abaqus 软件中混凝土本构模型有弥散裂缝模型、脆性开裂模型、塑性损伤模型三种，它们在处理不同破坏模式下的构件时具有各自优点[86]。对于弥散裂缝模型来说，该模型的受压弹塑性本构相对简单，而且适用于模拟构件出现单调应变变化或者结构的材料出现压碎、受拉开裂[87]；脆性开裂模型适用于分析拉伸裂纹控制材料行为，用脆性开裂模型来模拟正常配筋的混凝土结构并不合适。塑性损伤模型可以用来模拟混凝土结构构件在往复荷载作用下的刚度恢复、损伤、裂缝开展和闭合行为[88]。本书针对聚氨酯水泥-预应力钢丝绳的抗弯试验建模时选择的是塑性损伤模型。采用塑性损伤模型建模时要对屈服强化准则和流动法则进行确定，用以标定模型中的参数。

塑性损伤模型采用有效应力和硬化变量来描述，表达式为：

$$\bar{\sigma} = D_0^{\mathrm{el}}(\varepsilon - \varepsilon^{\mathrm{pl}}) \in \{\bar{\sigma} \mid F(\bar{\sigma}, \dot{\tilde{\varepsilon}}^{\mathrm{pl}}) \leqslant 0\} \tag{4-1}$$

式中　$\bar{\sigma}$——有效应力张量；

D_0^{el}——无损伤时的初始弹性刚度；

$\dot{\tilde{\varepsilon}}^{pl}$——塑性应变率；

$F(\bar{\sigma},\dot{\tilde{\varepsilon}}^{pl})$——屈服函数。

损伤时的有效应力为：

$$\sigma = [1-d(\bar{\sigma},\tilde{\varepsilon}^{pl})]\bar{\sigma} \tag{4-2}$$

式中　d——损伤变量。

$$\dot{\tilde{\varepsilon}}^{pl} = h(\bar{\sigma},\tilde{\varepsilon}^{pl})\dot{\varepsilon}^{pl} \tag{4-3}$$

$$\dot{\varepsilon}^{pl} = \dot{\lambda}\frac{\partial G(\bar{\sigma})}{\partial\bar{\sigma}} \tag{4-4}$$

式中　$G(\bar{\sigma})$——流动能函数。

单轴压缩时，达到屈服应力 σ_{c0} 之前均为线弹性阶段，当压缩超过弹性阶段时，该阶段为线弹性阶段和软化阶段，在 Abaqus 软件中的输入形式为 $\sigma_c-\tilde{\varepsilon}_c^{in}d$。非弹性应变可表示为：$\tilde{\varepsilon}_c^{in}=\varepsilon_c-\varepsilon_{0c}^{el}$，$\varepsilon_{0c}^{el}=\dfrac{\sigma_c}{E_0}$，如图 4-1 所示。

将非弹性应变转变为塑性应变，有：

$$\tilde{\varepsilon}_c^{pl}=\tilde{\varepsilon}_c^{in}-(\varepsilon_c^{el}-\varepsilon_{0c}^{el})=\tilde{\varepsilon}_c^{in}-\frac{d_c}{1-d_c}\frac{\sigma_c}{E_0} \tag{4-5}$$

当 $\tilde{\varepsilon}_c^{pl}$ 为负值，或者 $\tilde{\varepsilon}_c^{in}$ 变小时，软件会提示出现错误，如果 $\tilde{\varepsilon}_c^{pl}=\tilde{\varepsilon}_c^{in}$，则表示材料不存在受压损伤。

式中　σ_{un}，ε_{un}——卸载点应力和应变；

ε_c^{el}，ε_{0c}^{el}——考虑损伤和无损伤时的受压弹性应变；

$\tilde{\varepsilon}_c^{in}$，$\tilde{\varepsilon}_c^{pl}$——受压时混凝土的非弹性应变和塑性应变。

单轴受拉时，在达到失效应力 σ_{t0} 之前为线弹性，之后为软化阶段，受拉开裂应变表示为 ε_t^{ck}。材料的开裂应变表示为 $\varepsilon_t^{ck}=\varepsilon_t-\varepsilon_{0t}^{el}$，$\varepsilon_{0t}^{el}=\dfrac{\sigma_t}{E_0}$，如图 4-2 所示。

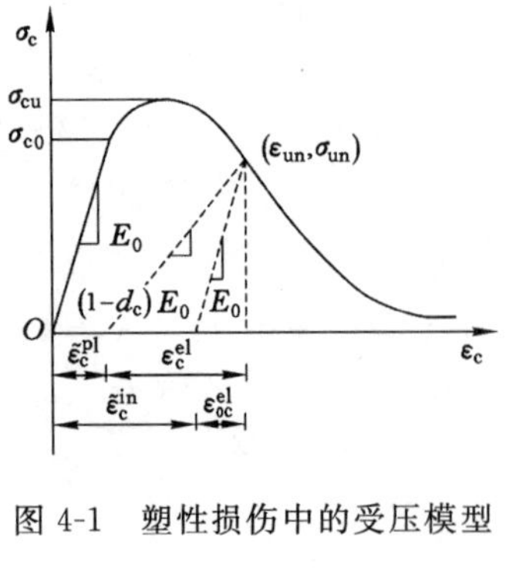

图 4-1　塑性损伤中的受压模型

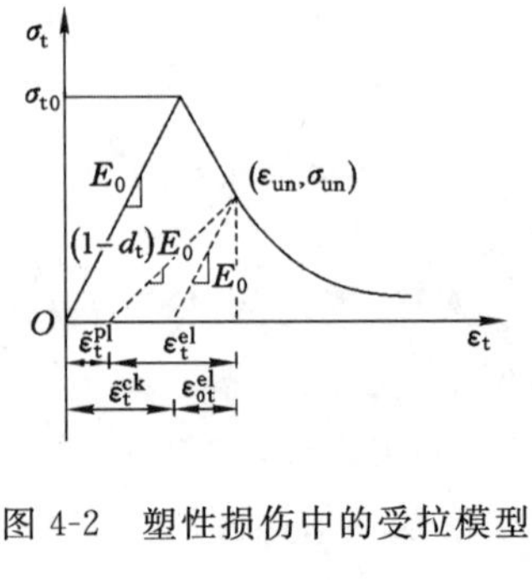

图 4-2　塑性损伤中的受拉模型

式中　σ_{un}，ε_{un}——卸载点的应力和应变；

ε_{0t}^{el}，ε_{t}^{el}——混凝土考虑无损伤和受损伤时的受拉弹性应变；

$\tilde{\varepsilon}_{t}^{ck}$，$\tilde{\varepsilon}_{t}^{pl}$——混凝土受拉非弹性应变和塑性应变。

将受拉损伤数据转变为塑性应变有：

$$\tilde{\varepsilon}_{t}^{pl}=\tilde{\varepsilon}_{t}^{ck}-\frac{d_t}{1-d_t}\frac{\sigma_t}{E_0} \tag{4-6}$$

当计算结果 $\tilde{\varepsilon}_{t}^{pl}$ 为负值，或者出现开裂应变 $\tilde{\varepsilon}_{t}^{ck}$ 减小时，软件自动显示错误。如果 $\tilde{\varepsilon}_{t}^{pl}=\tilde{\varepsilon}_{t}^{ck}$ 出现，表明不存在受拉损伤。

因此，受拉、受压的应力-应变关系可分别表示为：

$$\begin{cases}\sigma_t=(1-d_t)E_0(\varepsilon_t-\tilde{\varepsilon}_{t}^{pl})\\ \sigma_c=(1-d_c)E_0(\varepsilon_c-\tilde{\varepsilon}_{c}^{pl})\end{cases} \tag{4-7}$$

该模型分别用 d_c 和 d_t 来表示受压、受拉时造成的材料损伤（进而引起材料刚度退化），即

$$\begin{cases}D=(1-d)D_0^{el}\quad(0\leqslant d\leqslant 1)\\ (1-d_t)=(1-s_td_c)(1-s_cd_t)\quad(0\leqslant s_t,s_c\leqslant 1)\end{cases} \tag{4-8}$$

$$s_t=1-w_tr^*(\bar{\sigma}_{11})\quad(0\leqslant w_t\leqslant 1) \tag{4-9}$$

$$s_c=1-w_cr^*(\bar{\sigma}_{11})\quad(0\leqslant w_c\leqslant 1) \tag{4-10}$$

$$r^*(\bar{\sigma}_{11})=H(\bar{\sigma}_{11})=\begin{cases}1&(\bar{\sigma}_{11}>0)\\0&(\bar{\sigma}_{11}<0)\end{cases} \tag{4-11}$$

式中　s_t，s_c——应力反方向刚度恢复的应力状态函数；

w_c，w_t——权重因子，表示在反向荷载作用下构件材料的刚度恢复程度，$W_c=1$ 和 $W_c=0$ 分别表示受拉刚度完全恢复和不恢复，如图 4-3 所示。

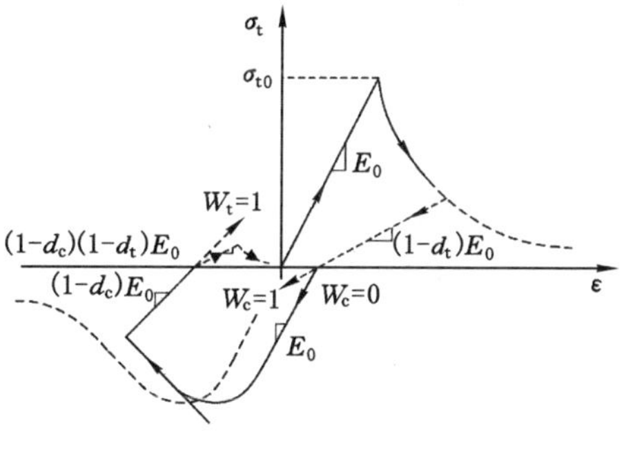

d_t—混凝土受拉损伤因子；d_c—混凝土受压损伤因子。

图 4-3　循环荷载作用下的应力-应变关系曲线

由式(4-1)至式(4-11)可得出混凝土在受拉、受压时损伤引起的弹性刚度退化的塑性损伤模型，用损失指标 d_t 和 d_c 来分别描述。

4.2.2　模型参数选取

(1) 应力-应变关系曲线

为了使模拟结果更接近实际情况，需要提供混凝土单轴应力-应变关系及加载应力路径。以《混凝土结构设计规范》(GB 50010—2010)给出的混凝土本构关系作为塑性损伤模型的应力-应变关系，同时加以修改[89]。由材料弹性模量 E 和极限弹性应力 $\sigma_{t0}(\sigma_{c0})$ 确定材料在弹性阶段的应力-应变关系，采用规范提供的材料应力-应变关系来确定非弹性阶段的应力-应变关系。

受拉状态下：

$$y=\frac{x}{\alpha_t(x-1)^{1.7}+x}\quad(x>1)\tag{4-12}$$

式中　$x=\varepsilon/\varepsilon_t$；

$y=\sigma/f_t$；

α_t——单轴受拉应力-应变关系曲线下降段参数。

受压状态下：

$$\begin{cases}y=\alpha_a x+(3-2\alpha_a)x^2+(\alpha_a-2)x^3 & (x\leqslant 1)\\ y=\dfrac{x}{\alpha_t(x-1)^2+x} & (x>1)\end{cases}\tag{4-13}$$

式中　$x=\varepsilon/\varepsilon_t$；

$y=\sigma/f_t$；

α_a,α_t——单轴受压本构关系曲线中上升阶段和下降阶段的参数。

混凝土处于受压初始阶段和受拉阶段时均可以认为混凝土处于弹性阶段，混凝土的泊松比采用规范推荐值0.2，弹性模量取0.7 σ_c 时的割线模量。

(2) 损伤因子

学者们采用不同方法对材料的损伤因子进行计算[90-92]，取得的结果良好，本书计算损伤因子按照文献[90]和文献[91]中的公式进行。

方法1：文献[90]中单轴受压和单轴受拉时损伤因子计算公式分别为：

$$d_c=\begin{cases}1-\sqrt{k_c[\alpha_a+(3-2\alpha_a)x+(\alpha_a-2)x^2]} & (x\leqslant 1)\\ 1-\sqrt{\dfrac{k_c}{\alpha_d(x-1)x^2+x}} & (x>1)\end{cases}\tag{4-14}$$

$$d_t=\begin{cases}1-\sqrt{k_t(1.2-0.2x^5)} & (x\leqslant 1)\\ 1-\sqrt{\dfrac{k_t}{\alpha_t(x-1)x^{1.7}+x}} & (x>1)\end{cases}\tag{4-15}$$

式中　$k_c=f_c/(\varepsilon_c E_0)$；

$k_t=f_t/(\varepsilon_t E_0)$。

方法2：文献[91]中单轴受压和单轴受拉时损伤因子计算公式分别为：

$$d_c=1-\frac{\sigma_c E_0^{-1}}{\tilde{\varepsilon}_c^{pl}(1/b_c-1)+\sigma_c E_0^{-1}}\tag{4-16}$$

$$d_t=1-\frac{\sigma_t E_0^{-1}}{\tilde{\varepsilon}_t^{pl}(1/b_t-1)+\sigma_t E_0^{-1}}\tag{4-17}$$

式中　$b_c=\tilde{\varepsilon}_c^{pl}/\varepsilon_c^{in}$；

$b_t = \tilde{\varepsilon}_t^{pl} / \varepsilon_t^{ck}$。

b_c、b_t 按照文献[91]建议取值，分别为 $b_c = 0.7$，$b_t = 0.1$。

(3) 其余参数

混凝土的黏滞系数取 0.001，膨胀角 φ 取 35°，如表 4-1 所示。

表 4-1　C40 混凝土塑性损伤参数取值表

ε	φ/(°)	σ_{b0}/σ_{c0}	μ	K_c
0.1	35	1.16	0.001	0.667

注：ε 为流动势偏移量；φ 为膨胀角；σ_{b0}/σ_{c0} 为双轴极限抗压强度与单轴极限抗压强度的比值；μ 为混凝土材料的黏滞系数；K_c 为拉伸子午面上第二应力不变量与压缩子午面上的第二应力不变量的比值。

4.2.3　钢筋、钢丝绳和聚氨酯水泥材料本构关系

抗弯加固有限元分析中为了使模型既简便又能够更好地模拟出钢筋的加筋作用，模型建立过程中仅按照钢筋在单调加载模式下的应力-应变关系考虑。此时，钢筋本构模型曲线包括弹性阶段、屈服阶段和硬化阶段，采用弹塑性硬化模型，如图 4-4 所示，模型中不考虑钢筋与混凝土之间的黏结滑移。钢丝绳材料的应力-应变关系曲线采用实测曲线，如图 3-4 所示，聚氨酯水泥材料应力-应变关系曲线采用实测曲线，如图 2-15 所示。

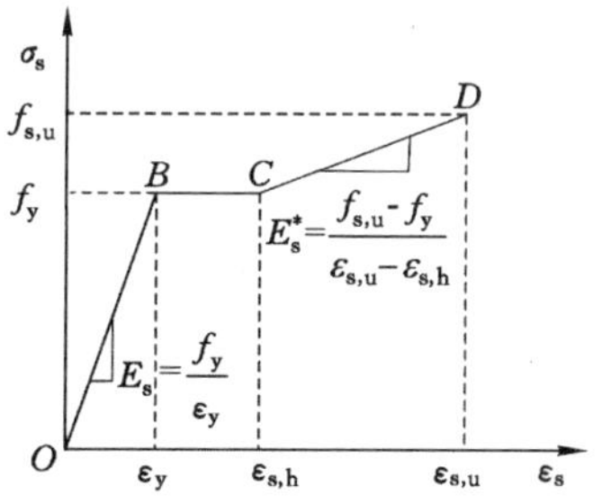

图 4-4　钢筋应力-应变关系曲线(弹塑性硬化模型)

4.3　有限元模拟验证

下文以第 3 章对比试验梁 CB 梁为实际构件，建立 CB 梁的有限元模型，以试验结果修正有限元模型。

4.3.1　钢筋混凝土梁抗弯模拟

混凝土、支座垫板及分配梁垫板选择 solid 单元；主筋及箍筋选择 wire 单元。

混凝土和钢筋强度见 3.1.1 节。泊松比：混凝土取 0.2，支座垫板、分配梁取 0.25。

模型中混凝土、支座垫板和分配梁垫板之间均采用 tie 方式连接，混凝土中的主筋和矩形箍筋均以 embedded region 方式嵌入其中。对垫块的中线添加约束，一端施加竖向约束，另一端施加水平约束和竖向约束，来模拟简支梁边界条件。单元网格划分尺寸为 20 mm×

20 mm×20 mm,未加固 T 形梁网格划分如图 4-5 所示,模型不考虑钢筋与混凝土之间的黏结滑移。

图 4-5 未加固 T 形梁有限元模型

4.3.2 有限元分析结果

有限元模型 FEM-CB 采用位移加载,计算结果如下。

4.3.2.1 荷载-挠度关系曲线

荷载-挠度关系曲线如图 4-6 所示。数值模拟计算值与试验值见表 4-2。

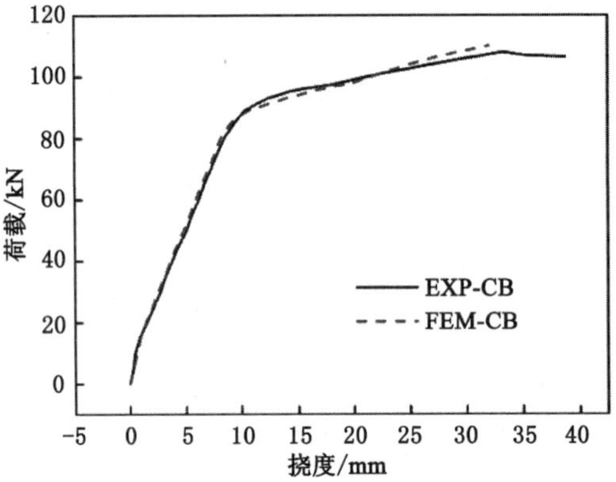

图 4-6 荷载-挠度关系曲线

表 4-2 数值模拟计算值与试验值

试件编号	屈服荷载/kN	屈服挠度/mm	极限荷载/kN
EXP-CB(CB)	78	8.2	106
FEM-CB	80	8.0	108
误差	0.026	−0.024	0.019

由图 4-6 和表 4-2 可知:数值模拟计算结果曲线与试验结果曲线符合良好。当跨中截面的纵筋屈服后,梁的挠度迅速增大,裂缝的宽度不断扩大。混凝土受压区面积随着裂缝延伸逐渐减小,但承受的压应力不断增大,当梁挠度超过试验挠度后,计算终止。

由表 4-2 可知：数值模拟计算值与试验值相比，屈服荷载的误差仅为 2.6%；屈服点处的挠度误差仅为 2.4%；极限荷载的误差仅为 1.9%，结果很接近。

4.3.2.2　钢筋应力-应变关系曲线

图 4-7 为 EXP-RC 梁和 FEM-RC 梁的荷载-钢筋应变关系曲线对比图。由图 4-8 可知 Abaqus 数值计算曲线与试验曲线基本符合。与试验曲线相比，加载初期，数值计算结果曲线上钢筋应变随着荷载增加较为缓慢，但应变迅速增大。Abaqus 数值计算曲线与试验测试曲线存在一定差异，主要是模型中所输入钢筋的本构关系与钢筋实测曲线本构关系有一定的差异。另外，梁底 2 根钢筋材料的本构关系也存在一定的差异，试验所得曲线关系为 1 根钢筋的测试结果，而有限元模型中输入的钢筋本构关系为 2 根钢筋测试结果的平均值。由于实际加载过程中应变片失效或断裂而导致实际测量曲线比试验测试结果短。

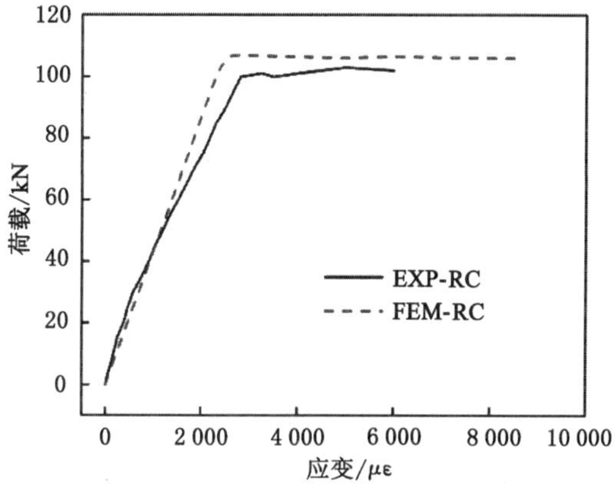

图 4-7　荷载-钢筋应变关系曲线

图 4-8　加固梁有限元模型

4.4　聚氨酯水泥-预应力钢丝绳抗弯加固梁有限元分析

4.4.1　抗弯加固梁有限元模型建立

根据第 3 章加固 T 形梁的试验数据建立预应力钢丝绳聚氨酯水泥加固梁的有限元模型。加固钢丝绳直径为 4 mm，采用 wire 单元，根据应力-应变关系实测曲线进行简化，如图 3-4 所示。聚氨酯水泥材料，采用 solid 单元，应力-应变关系曲线采用实测轴向拉伸曲线，如

图 2-1 所示。钢丝绳初始张拉力采用降温法获得，并通过 embedded 方式嵌入聚氨酯水泥。聚氨酯水泥与混凝土之间的接触选择 tie。加固梁有限元模型如图 4-8 所示。钢筋骨架有限元模型如图 4-9 所示。

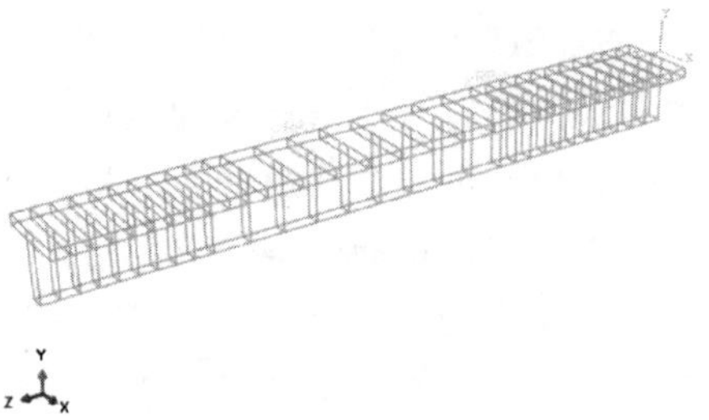

图 4-9　钢筋骨架有限元模型

4.4.2　抗弯加固梁有限元计算结果

选取不同聚氨酯水泥厚度和不同钢丝绳根数的 A_5、A_8 和 A_9 梁为代表，进行抗弯加固梁的有限元计算。加固梁 A_5、A_8 和 A_9 梁的 Abaqus 有限元模拟结果和试验结果见表 4-3，误差均在 5％以内，模拟结果与实测结果符合良好。

表 4-3　模拟计算值与试验值

试件编号	屈服荷载/kN	屈服挠度/mm	极限荷载/kN	加固层断裂挠度/mm
EXP-A5	120.0	8.82	204.3	21.4
FEM-A5	123.0	9.03	208.0	20.4
误差	2.5％	2.3％	1.8％	4.7％
EXP-A8	137.0	9.08	228.5	20.4
FEM-A8	142.0	9.26	235	21.0
误差	3.6％	2.0％	2.8％	3.9％
EXP-A9	110.3	7.48	179.0	22.2
FEM-A9	107.2	7.81	175.3	21.6
误差	－2.8％	4.4％	2.1％	－2.7％

试件 A_5 梁有限元计算云图如图 4-10 至图 4-13 所示。

试件 A_5 梁有限元计算曲线与试验曲线对比如图 4-14 所示。由图 4-14 可知：随着荷载增加，构件挠度、PUC 应变、钢筋应变和混凝土压应变形成的有限元计算曲线与试验测试曲线符合较好，因此该有限元模型能够很好地反映加固构件受力过程。

在采用 5 根钢丝绳嵌入 20 mm 厚聚氨酯水泥加固形式模拟分析基础上，对不同聚氨酯水泥厚度加固梁 A_8 和不同预应力钢丝绳根数加固梁 A_9 进行了有限元分析，绘制了有限元计算曲线和试验曲线。A_8 和 A_9 梁有限元计算曲线与试验曲线对比如图 4-15 和图 4-16 所示。由图可见，有限元计算的荷载-挠度关系曲线、荷载-梁底 PUC 应变关系曲线、荷载-受拉区钢筋应变关系曲线、荷载-跨中受压区混凝土应变关系曲线与试验结果符合良好，计算模型能够较好地反映构件受力过程。在整个加载过程中，特别是钢筋屈服后，由于聚氨酯水

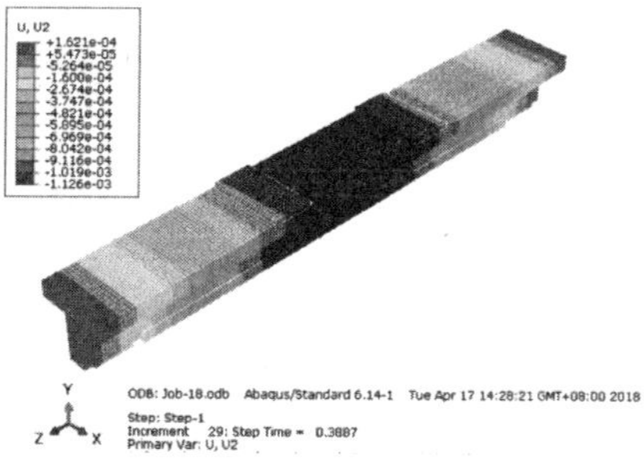

图 4-10　构件 A_5 竖向位移云图

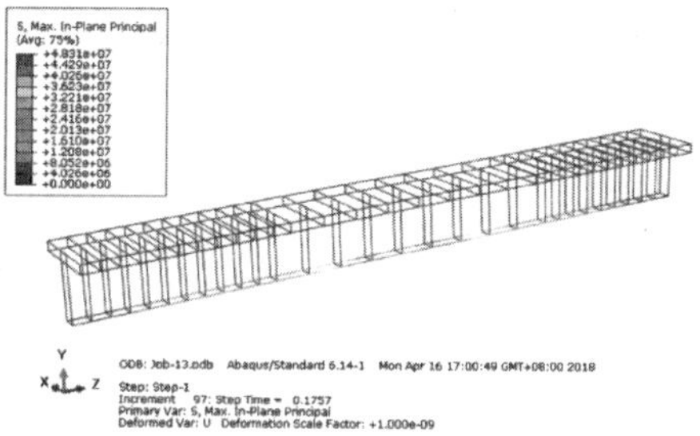

图 4-11　构件 A_5 钢筋应力云图

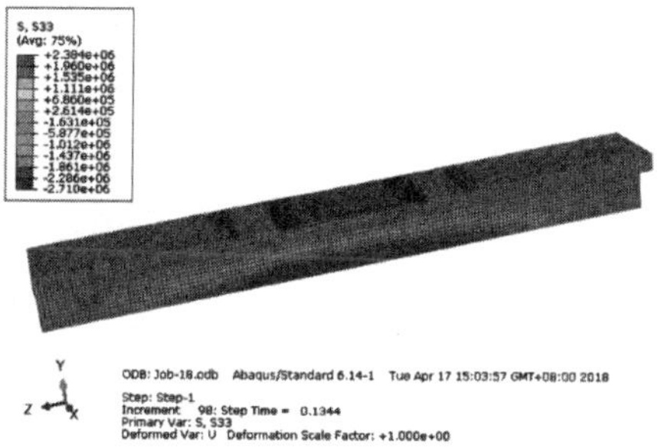

图 4-12　构件 A_5 混凝土应力云图

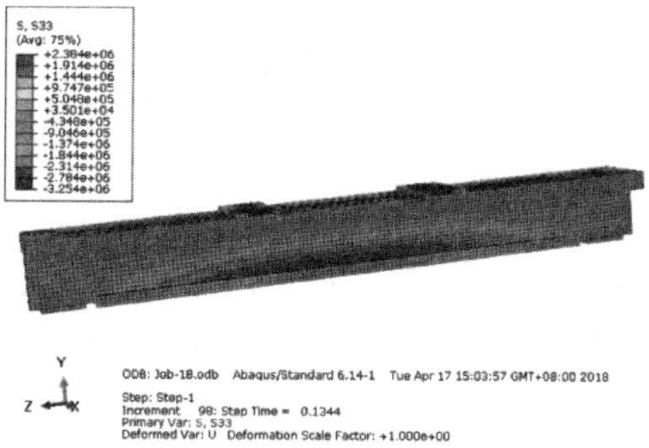

图 4-13　构件 A_5 聚氨酯水泥应力云图

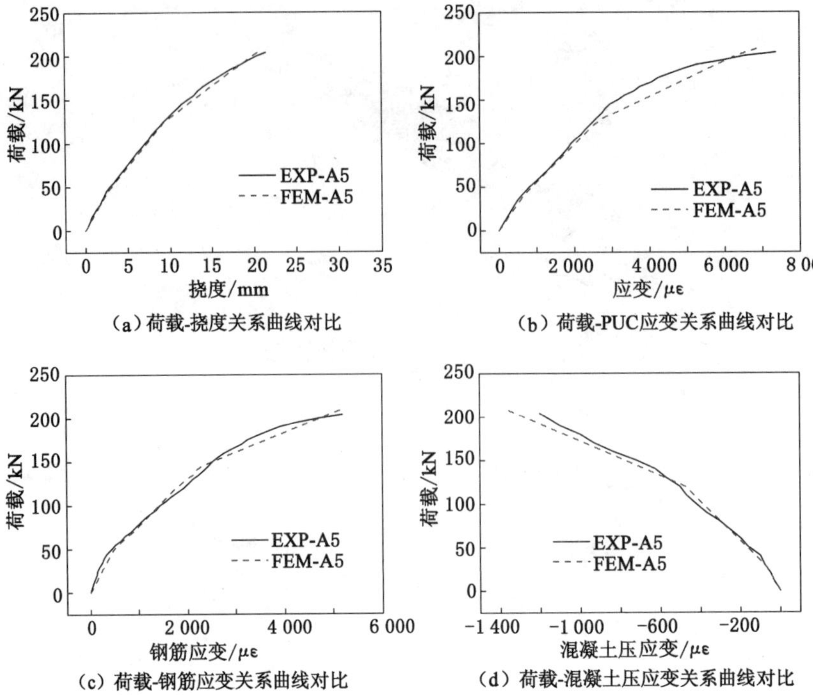

(a) 荷载-挠度关系曲线对比
(b) 荷载-PUC应变关系曲线对比
(c) 荷载-钢筋应变关系曲线对比
(d) 荷载-混凝土压应变关系曲线对比

图 4-14　试件 A_5 梁 Abaqus 计算结果与试验结果对比

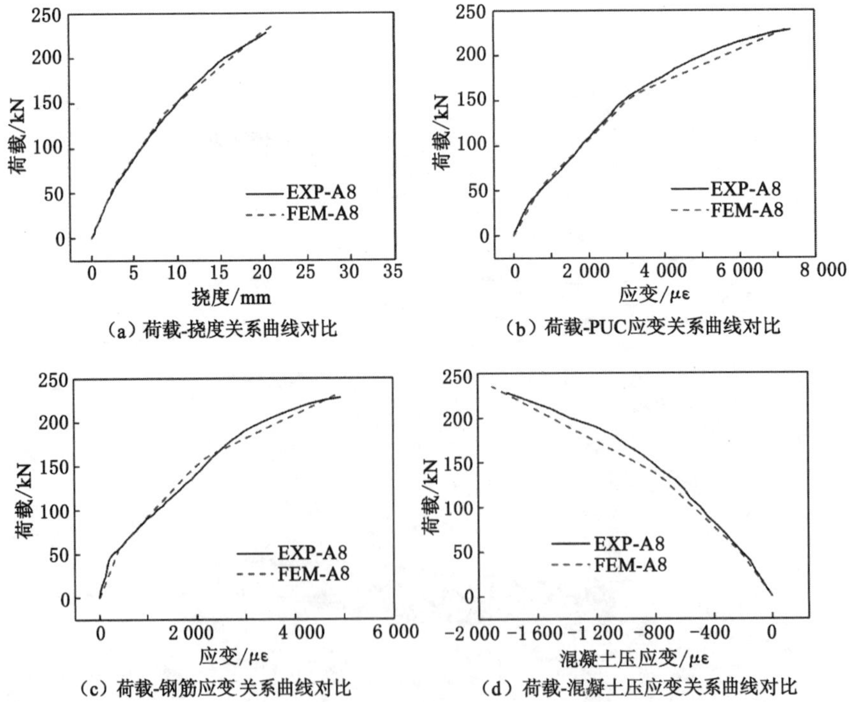

(a) 荷载-挠度关系曲线对比
(b) 荷载-PUC应变关系曲线对比
(c) 荷载-钢筋应变关系曲线对比
(d) 荷载-混凝土压应变关系曲线对比

图 4-15　试件 A_8 梁 Abaqus 模拟结果与试验结果对比

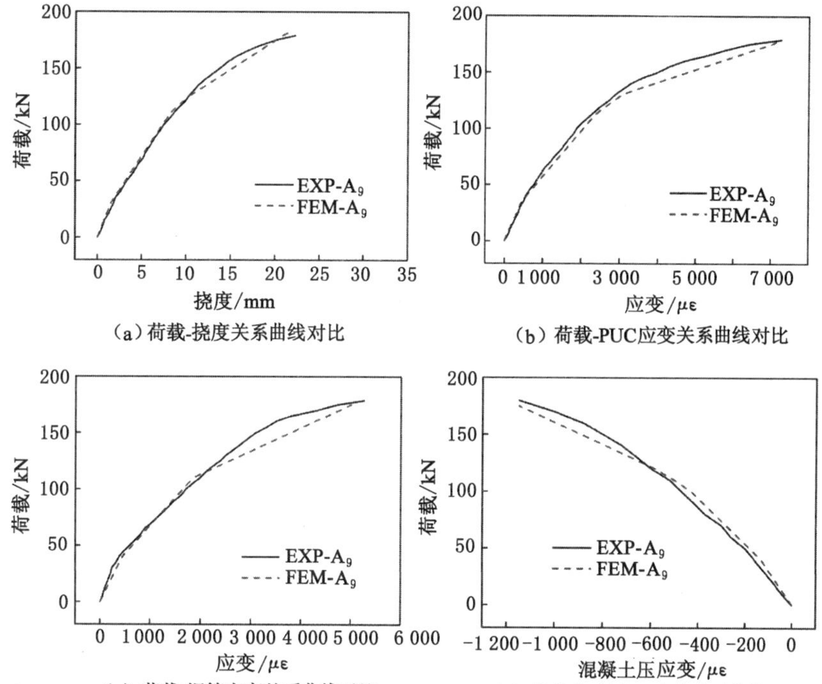

(a) 荷载-挠度关系曲线对比　(b) 荷载-PUC应变关系曲线对比　(c) 荷载-钢筋应变关系曲线对比　(d) 荷载-混凝土压应变关系曲线对比

图 4-16　试件 A_9 梁 Abaqus 模拟结果与试验结果对比

泥的存在，构件的承载能力得到较大幅度提高。计算结果可作为加固试验的补充和可供加固试验梁的深入研究借鉴。

4.5　加固梁有限元参数分析

4.5.1　混凝土强度对抗弯加固性能的影响

混凝土采用 30 MPa、40 MPa 和 50 MPa 3 个强度等级，钢筋设置与试验梁完全相同，配筋率为 0.91%，加固层为 5 根预应力钢丝绳嵌入 20 mm 厚的聚氨酯水泥，加载方式为两点对称加载。有限元模型计算结果见表 4-4。

表 4-4　不同混凝土强度时的有限元模型计算结果

试件编号	屈服荷载/kN	屈服挠度/mm	极限荷载/kN	加固层断裂挠度/mm
FEM-C30	120.0	8.82	200.4	19.98
FEM-C40	123.0	9.03	208.0	20.40
FEM-C50	125.0	9.11	212.2	20.63

由表 4-4 可知：加固构件屈服荷载随着混凝土强度提高略有增长。以 C30 混凝土构件为例，屈服强度增幅分别为 2.5%和 4.16%，此时挠度数值同样与此非常接近；聚氨酯水泥-预应力钢丝绳加固层断裂时梁的极限承载能力随着混凝土强度的提高而增大，以 C30 混凝

土构件为例，屈服强度增幅分别为 3.79%和 5.89%；构件极限承载能力增幅随着加固构件混凝土强度提高而有所降低，构件的极限挠度分别增长 2.10%和 3.25%。

不同强度的混凝土加固梁模拟结果如图 4-17 所示。由图 4-17 可知：随着荷载增加，不同强度的加固梁的挠度发展趋势大致相同。同样，钢筋和聚氨酯水泥的应变发展趋势也基本一致。不同强度的加固梁，材料的曲线几乎重合，但是随着强度提高，破坏时材料最大应变略微增大。发生加固层破坏时，混凝土强度最高的加固梁的承载能力最高。

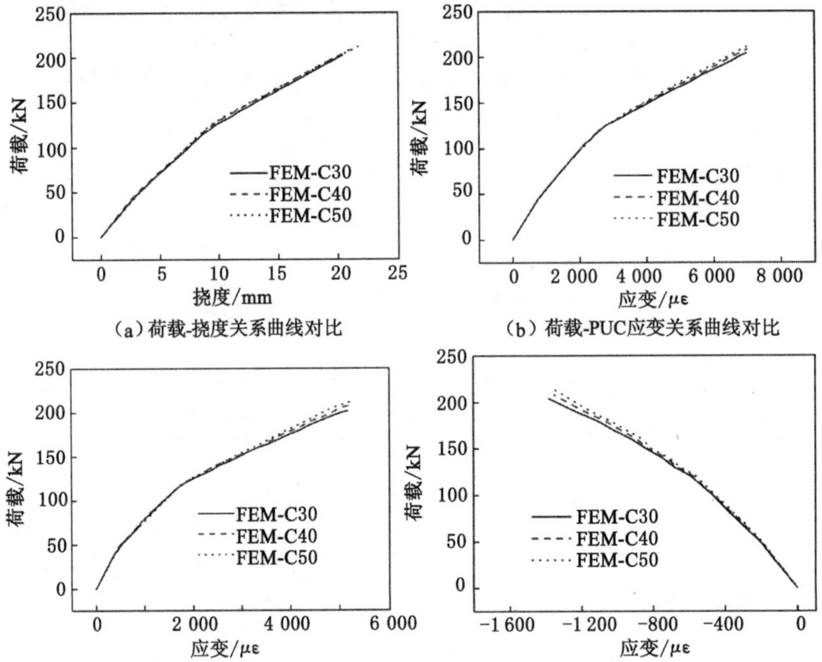

(a) 荷载-挠度关系曲线对比 (b) 荷载-PUC应变关系曲线对比
(c) 荷载-钢筋应变关系曲线对比 (d) 荷载-混凝土压应变关系曲线对比

图 4-17 不同混凝土强度的梁抗弯加固计算曲线

4.5.2 原梁配筋率对加固性能的影响

为了研究主筋配筋率对加固梁性能的影响，模型中配筋率分别取 0.91%、1.82%、2.73%，混凝土强度按照第 3 章抗弯加固试验的数值采用，加固层为 5 根预应力钢丝绳嵌入 20 mm 厚度的聚氨酯水泥，采用跨中两点对称加载。有限元计算结果见表 4-5。

表 4-5 配筋率对抗弯加固的影响

试件编号	屈服荷载/kN	极限荷载/kN	屈服挠度/mm	加固层断裂挠度/mm
FEM-0.91	123.0	208.0	9.03	20.40
FEM-1.35	159.7	249.3	10.22	20.20
FEM-1.82	204.0	299.2	9.39	20.53

由表 4-5 可知：加固梁的承载力随着纵筋配筋率增大而显著变化，配筋率为 1.82%的梁和配筋率为 1.35%的梁的屈服荷载比配筋率为 0.91%的梁分别提高 65.85%和 29.84%，

配筋率为 1.82%的梁和配筋率为 1.35%的梁的屈服挠度分别提高 3.99%和 13.18%;加固层断裂破坏时梁极限承载力随着配筋率的增大分别提高 19.86%和 43.85%,极限挠度随着配筋率增大变化不大,变化幅度分别为−0.98%和 0.64%。

不同配筋率的加固梁有限元计算结果如图 4-18 所示。相同荷载作用下,随着配筋率的增大,构件混凝土应变增加,构件最终破坏时,纵筋最多的构件表现出最大的承载能力。聚氨酯水泥和钢筋的应变随着配筋率的增大而增大,构件承载能力提高。

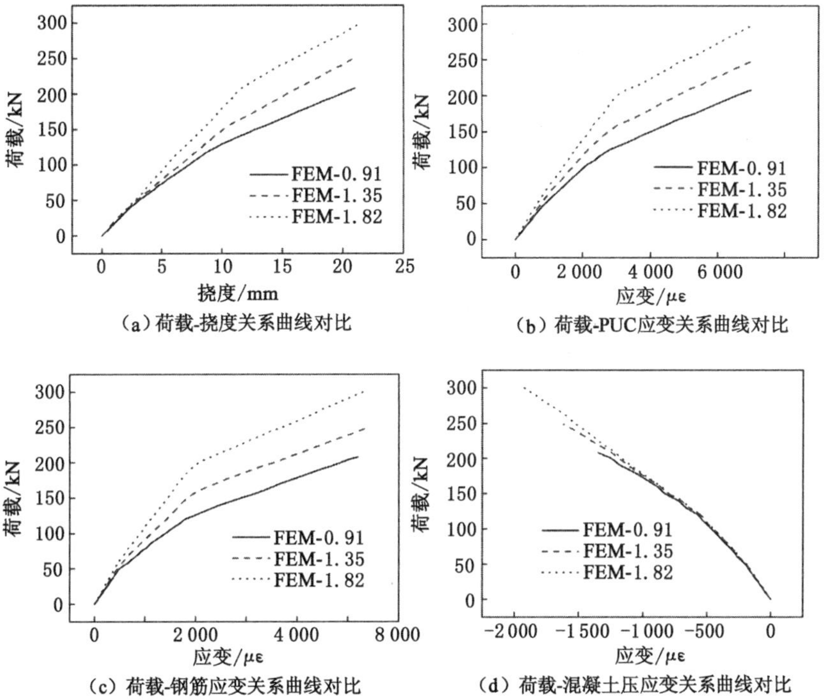

(a) 荷载-挠度关系曲线对比
(b) 荷载-PUC应变关系曲线对比
(c) 荷载-钢筋应变关系曲线对比
(d) 荷载-混凝土压应变关系曲线对比

图 4-18　不同配筋率的梁抗弯加固计算曲线对比

4.6　本章小结

本章介绍了 Abaqus 软件计算混凝土结构的基本原理,进行了数值模拟验证,同时模拟分析了聚氨酯水泥-预应力钢丝绳加固梁抗弯试验,并进行了抗弯加固的参数分析,得出以下结论:

(1) 建立合理的 T 形梁抗弯加固的有限元模型,并将模拟结果与试验结果进行对比分析,Abaqus 计算结果与抗弯加固试验符合良好,Abaqus 数值计算正确,所建立的有限元加固模型合理。

(2) 对混凝土立方体抗压强度为 30 MPa、40 MPa 和 50 MPa 的 T 形梁抗弯加固模型进行计算分析表明:屈服荷载随着加固梁的混凝土强度的增加而略微增长,但是屈服挠度值接近;聚氨酯水泥-预应力钢丝绳加固层断裂时梁的极限承载能力随着混凝土的强度提高而增大,以 C30 混凝土构件为参考,屈服强度提高幅度分别为 3.79%和 5.89%;承载能力增幅随着加固梁混凝土强度增加而有所降低，但是极限挠度增长的趋势与极限承载能力增长趋势相同，分别为 2.10％和 3.25％。

(3) 对原梁配筋率分别为 0.91％、1.35％和 1.82％的 T 形梁抗弯加固模型进行计算分析表明：加固梁的承载力随着纵筋配筋率增大而显著变化，配筋率为 1.82％的梁和配筋率为 1.35％的梁的屈服荷载比配筋率为 0.91％的梁分别提高 65.85％和 29.84％，屈服挠度分别提高 3.99％和 13.18％；加固层断裂破坏时梁的极限承载力随着配筋率的增大分别提高 19.86％和 43.85％，极限挠度随着配筋率增大变化不大，变化幅度分别为－0.98％和 0.64％。

第 5 章　聚氨酯水泥-预应力钢丝绳加固梁疲劳性能研究

5.1　前言

国内外学者对钢筋混凝土加固梁疲劳性能进行了大量研究，主要集中于纤维片材加固结构[93-98]、预应力纤维片材加固结构[99-105]、钢板加固结构[106-110]以及钢丝绳加固结构[111]。陈开利[93]、刘沐宇等[94]认为梁的疲劳寿命会因碳纤维布的增加而提高，增加碳纤维布为提高疲劳性能的有效方法，可用于延长损伤混凝土结构的使用寿命。顾祥林等[95]认为设置 U 形布条作为附加锚固措施可改善纤维粘贴加固构件长期疲劳性能。与非预应力纤维加固梁相比，预应力纤维布加固梁的裂缝总数量更多、高度更低、宽度更小。由于碳纤维布参与工作，限制了试验梁在疲劳加载时裂缝的扩展，从而有效提高了加固梁的疲劳寿命[99]。主筋的拉伸疲劳破坏是加固梁的疲劳破坏源。纤维布的抗疲劳性能比钢筋的更优。由于预加应力显著降低了加载过程中各阶段内筋的应力，从而延长了加固梁的疲劳寿命[101-102]。预应力纤维布加固梁比非预应力纤维布加固梁的疲劳寿命提高了 33%～74%[103-105]。对于钢板加固梁而言，钢板加固后的梁比未加固梁具有更高的抗疲劳性能。随着荷载周期的增加，加固梁的挠度比未加固梁的挠度要小得多[106-108]。试验梁抗疲劳性能较好，而铆粘钢板加固较粘钢加固试验梁抗疲劳性能差[109-110]。

胡新舒[111]对直径为 3.2 mm 的钢丝绳加固梁进行抗疲劳性能试验，非预应力下钢丝绳具有较好的抗疲劳性能，但是加固层砂浆和梁之间的交界面是钢丝绳加固钢筋混凝土梁最薄弱的环节，在疲劳荷载作用下，可能因为黏结失效而剥离。目前，对于预应力钢丝绳加固梁疲劳性能的研究很多，同时聚氨酯水泥作为预应力钢丝绳的嵌入材料在疲劳荷载作用下的性能也缺乏试验数据，需要进行试验研究以确定聚氨酯水泥-预应力钢丝绳加固受弯构件的疲劳性能。

5.2　试验目的

聚氨酯水泥作为加固补强材料的研究和应用处于探索阶段。关于聚氨酯水泥作为预应力钢丝绳的嵌入材料加固混凝土梁的疲劳性能的试验研究国内尚未见报道，作为该课题的首次研究，本试验的主要目的如下：

(1) 常幅循环荷载作用下，对不同加载应力幅值下聚氨酯水泥-预应力钢丝绳加固梁和复合砂浆预应力钢丝绳加固梁的抗弯疲劳性能影响进行研究。

(2) 对聚氨酯水泥-预应力钢丝绳加固梁的疲劳破坏形态进行全过程观察分析，为承受动载的加固梁受力分析提供依据。

(3) 常幅循环荷载作用下，对高强钢丝绳加固梁抗弯疲劳寿命和截面刚度的影响进行研究。

(4) 常幅循环荷载作用下，研究钢丝绳预应力大小对聚氨酯水泥-预应力钢丝绳加固混凝土梁抗弯疲劳性能的影响。

5.3 试验方案

5.3.1 试件制作

本次试验共计采用11根钢筋混凝土梁，其中3根混凝土梁用于静力试验，其余8根用于疲劳试验。

试件分为3组，分组情况如下：

第1组：本组试件共3根钢筋混凝土梁，1根为不加固梁，1根为预应力钢丝绳加固梁，另外1根为聚氨酯水泥-预应力钢丝绳加固梁。为了获得适当的疲劳试验梁的疲劳荷载，对该组试验梁进行静力加载试验以确定试验梁在静力加载下的性能。

表5-1 疲劳试验试件参数

分组	梁编号	钢丝绳数量	预应力/MPa	嵌入材料	加载方式
第1组	B_1	—	—	—	静载
	B_2	5	700	砂浆	静载
	B_3	5	700	PUC	静载
第2组	PLCB	—	700	—	疲劳
	PLB_1	5	700	砂浆	疲劳
	PLB_2	5	700	PUC	疲劳
	PLB_3	5	700	砂浆	疲劳
	PLB_4	5	700	PUC	疲劳
第3组	PLB_5	5	700	PUC	疲劳
	PLB_6	5	400	PUC	疲劳
	PLB_7	5	900	PUC	疲劳

第2组：本组试件为5根，1根为未加固梁，2根为复合砂浆预应力钢丝绳加固梁，2根为聚氨酯水泥-预应力钢丝绳加固梁。对该组试件施加常幅疲劳荷载以对比不同嵌入材料和不同疲劳荷载作用下的性能。

第3组：本组试件为3根，3根均为聚氨酯水泥-预应力钢丝绳加固梁。研究不同预应力作用下聚氨酯水泥-预应力钢丝绳加固梁的抗弯疲劳性能。

纵向受拉钢筋均为2根直径为18 mm的三级螺纹钢筋，纵向钢筋配筋率为0.9%，实测屈服强度为 418 MPa;架立钢筋为直径 10 mm 的二级螺纹钢筋,实测屈服强度为 250 MPa。为防止抗剪强度不足,沿试件长度方向配置直径为 8 mm 的一级光圆钢筋,纯弯段间距为 150 mm,剪弯段间距为 80 mm。截面具体参数如图 5-1 所示。

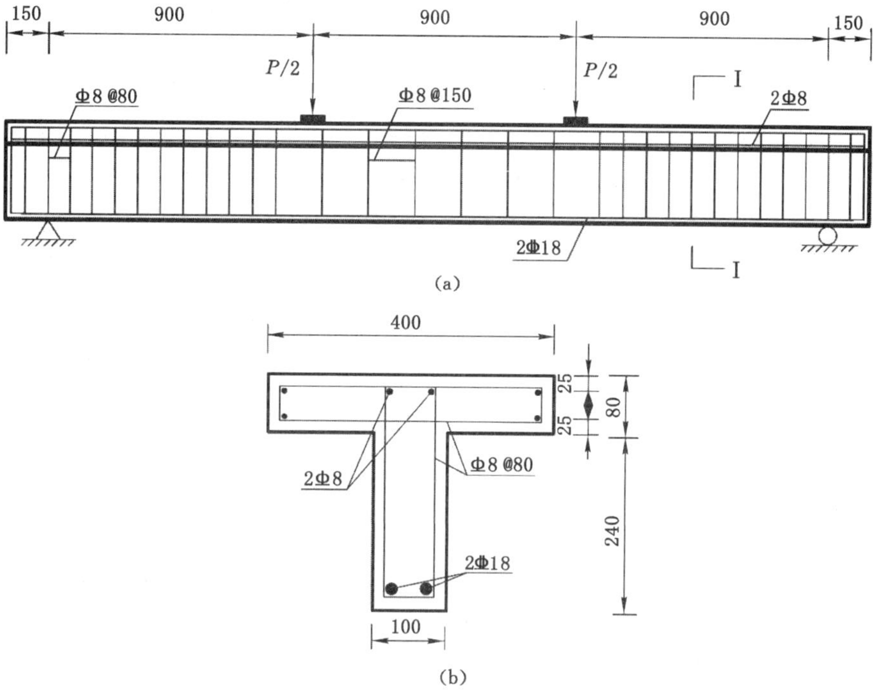

图 5-1　梁结构尺寸(单位:mm)

5.3.2　疲劳试验加载方案

疲劳试验采用三分点加载。试验梁跨中纯弯段长度为 900 mm,梁体放在两个钢支撑墩上,加载示意图如图 5-2 所示。

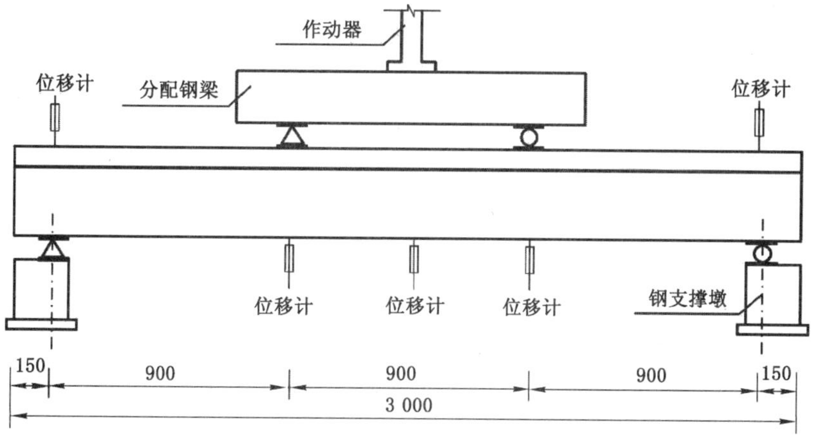

图 5-2　试件加载示意图(单位:mm)

疲劳试验采用等幅疲劳加载方式加载,加载频率约为 5 Hz。在济南东测公司生产的 PLS-500 型电液伺服疲劳试验机上进行疲劳试验,作动器最大加载力为 500 kN,最大行程为±150 mm,可以满足本次疲劳试验的加载要求。试验机由液压脉动器、控制系统和液压加载脉动器等组成。试验加载如图 5-3 所示,作动器所产生的加载荷载通过分配梁传递给梁体表面的垫块。为了观察仪表是否正常,在疲劳试验前先进行一次静载试验。在疲劳试验过程中分别对动应变和动挠度等参数进行采集,试验加载到 1 万次、2 万次、5 万次、10 万次、20 万次、50 万次、100 万次、150 万次和 200 万次时,停机卸载到 0,进行一个循环的静载试验,分别对梁的挠度和混凝土、钢筋、钢丝绳、聚氨酯水泥、砂浆的应变等参数进行采集,观测裂缝长度,测量最大裂缝宽度。记录构件发生破坏时的破坏特征、疲劳加载的次数和破坏时的荷载值。构件的疲劳加载次数以 200 万次为最终目标,假如到 200 万次仍没破坏,停机做静载破坏试验。

为了防止试验梁在疲劳加载过程中发生滑动,制作了钢套箍支座以防止滑移。采用钢板压条将钢支撑墩固定于刚性地面上,防止振动过程中支撑墩滑移。试验装置如图 5-3 所示。

(a) (b)

图 5-3 疲劳试验图

5.3.3 测点布置及测试内容

本节试验的量测内容主要包括两个部分:混凝土、钢筋、钢丝绳、聚氨酯水泥、复合砂浆各种材料的应变测量;荷载作用下构件的变形测量。混凝土的应变测量以设置 120 Ω 电阻应变片为主,在梁跨中沿截面高度方向均匀布置 6 个 100 mm×3 mm 规格的应变片以观测沿截面高度方向的混凝土应变分布,验证平面假定是否成立,其中梁肋和翼缘分别布置 4 个和 2 个应变片。聚氨酯水泥或复合砂浆的侧面和底面分别布置 2 个 100 mm×3 mm 规格的应变片以观测材料的应变。2 根受拉钢筋上粘贴 4 个 5 mm×3 mm 规格的应变片,分别布置在加载点和跨中。选取 2 根钢丝绳,在纯弯段加载区域内分别布置 1 个 3 mm×2 mm 规格的应变片,2 根钢丝绳的应变片应该错开布置,避免布置在同一横断面上。具体的应变测量布置位置如图 5-4 所示。

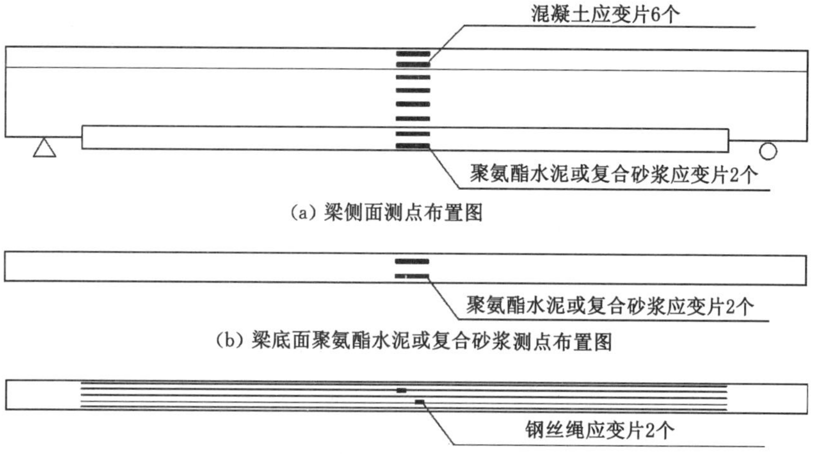

(a) 梁侧面测点布置图

(b) 梁底面聚氨酯水泥或复合砂浆测点布置图

(c) 梁底面钢丝绳测点布置图

图 5-4　试件测点布置图

5.4　静载试验结果及分析

静载试验包括 3 个试件：B_1、B_2 和 B_3 梁。表 5-2 列出了各试件的主要试验结果，其中钢丝绳、聚氨酯水泥和复合砂浆应变为实际测量得到的结果。

表 5-2　静载试验结果

梁编号	开裂荷载 /kN	屈服荷载 /kN	极限荷载 /kN	最大聚氨酯水泥应变/με	最大复合砂浆应变/με	最大钢丝绳应变/με
B_1	22	77	102	—	—	—
B_2	38	98	143	—	556	10 790
B_3	46	122	206	7 439	—	11 168

各梁的荷载-挠度关系曲线如图 5-5 所示，可以看出：未加固梁的开裂荷载较 B_1 梁的小，截面开裂后，加固梁的刚度下降，裂缝迅速发展到翼缘板附近。加载至 77 kN 时，由于试件的钢筋达到屈服点，梁体的挠度急剧增大，此后的荷载-挠度关系曲线接近水平。

复合砂浆预应力钢丝绳加固梁 B_2 的开裂荷载较对比试件大，开裂前的曲线斜率略大于未加固梁，开裂后同对比试件一样，截面刚度削弱明显，但是由于预应力钢丝绳加固，截面配筋有所增强，因此曲线在此阶段的斜率略大于对比试件 B_1 梁。加载至 98 kN 附近时，B_2 梁钢筋开始屈服，钢筋屈服后由于钢丝绳发挥抗拉作用，因此随着变形的增大，试件的承载能力继续上升，B_2 梁的荷载-挠度关系曲线的斜率较对比试件 B_1 梁明显增大。荷载上升至 102 kN 时，荷载-挠度关系曲线接近水平，此时预应力钢丝绳屈服。

相同的钢丝绳布置情况，但 B_3 梁的预应力钢丝绳嵌入聚氨酯水泥，该试件的开裂荷载与屈服荷载较未加固梁 B_1 和预应力钢丝绳加固梁 B_2 显著提高。由图 5-5 中的曲线可以看

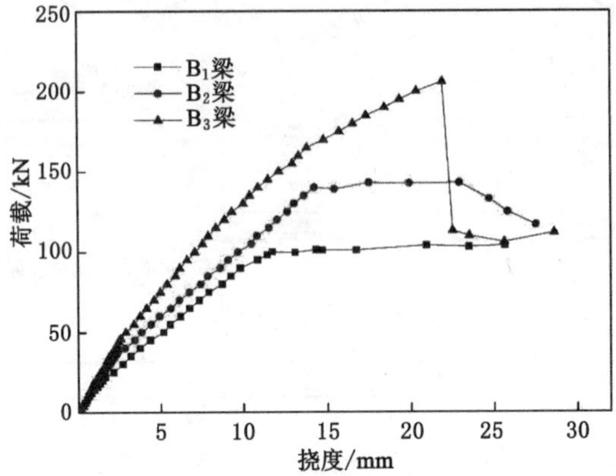

图 5-5　静载梁荷载-挠度关系曲线

出：开裂前 B_3 梁的荷载-挠度关系曲线斜率与试件 B_1 梁和 B_2 梁较为接近，但试件开裂后 B_3 梁与 B_1 梁和 B_2 梁迅速拉开距离。特别是钢筋屈服后，预应力钢丝绳和聚氨酯水泥发挥抗拉作用，随着变形增大，荷载仍然上升，但是曲线斜率显著降低。预应力钢丝绳屈服后，聚氨酯水泥依然发挥抗拉作用，随着变形增大，荷载仍然上升，直至聚氨酯水泥钢丝绳断裂而破坏。

各试件荷载-钢筋应变关系曲线如图 5-6 所示。从图中可以看出：相比于对比 B_1 梁，B_2 梁中的钢丝绳能够很好地降低钢筋的应变。由于聚氨酯水泥的作用，B_3 梁较 B_2 梁能更好地降低钢筋的应变，导致 B_3 梁屈服荷载提高。

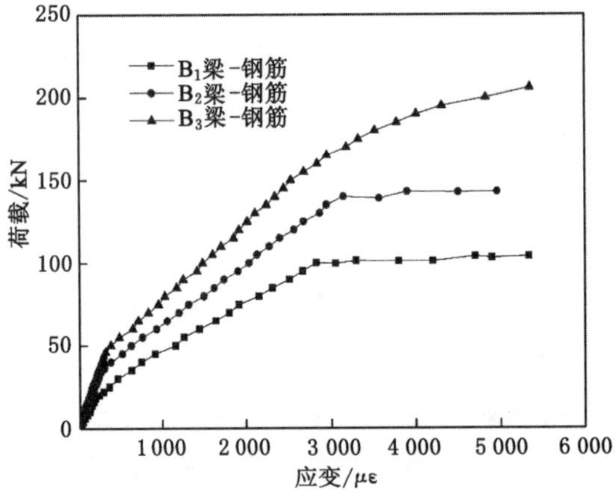

图 5-6　静载梁钢筋荷载-钢筋应变关系曲线

如图 5-7 和图 5-8 所示，将两图进行比较，可以发现加固梁在破坏前，聚氨酯水泥与钢丝绳、复合砂浆与钢丝绳的应变吻合良好。聚氨酯水泥断裂时的应变为 7 539 με，钢丝绳应变为 11 168 με，减去初始张拉应变，则应变变化为 6 234 με。由于钢丝绳与梁底面存在一定的距离，可以认为数据吻合良好，聚氨酯水泥与钢丝绳之间应变协调。复合砂浆由于具有较低的拉伸强度，当 B_2 梁底面发生 556 με 时，复合砂浆与混凝土同时出现裂缝，导致该处复合砂浆退出工作。

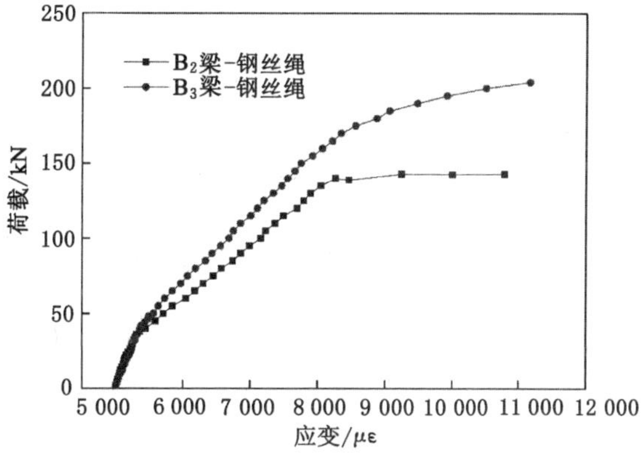

图 5-7　静载梁钢丝绳荷载-钢丝绳应变关系曲线

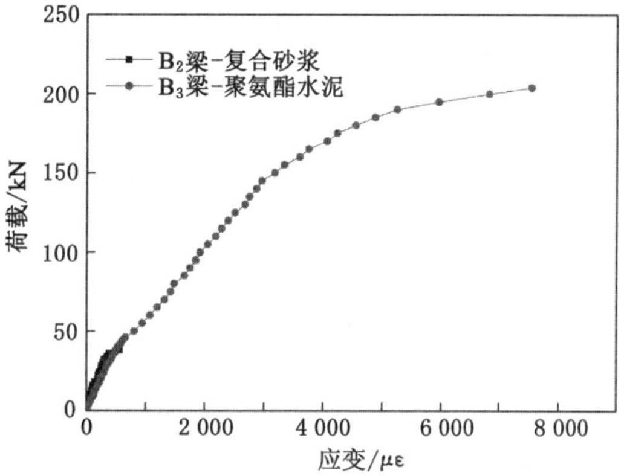

图 5-8　静载梁荷载-应变(聚氨酯水泥和复合砂浆)关系曲线

5.5　疲劳试验结果及分析

5.5.1　主要的试验结果及破坏形式

首先进行 PLCB 梁试验，由于希望试件在 200 万次以内破坏，疲劳荷载上限和荷载幅取值较高。疲劳荷载最大值 $P_{max}=70$ kN，最小值 $P_{min}=20$ kN，见表 5-3。对试件 PLB_1 施加一次静力荷载至疲劳上限 70 kN(0.686P_{u1}，P_{u1} 为 B_1 梁极限荷载值)，然后采集相关的试验参数，将这次结果作为一次循环加载后的试验结果。PLCB 梁在疲劳荷载作用下裂缝迅速扩大并向上延伸。当循环加载 10 万次后，除了跨中主裂缝有延伸和变宽，其余裂缝几乎不发生变化。但是循环加载 50 万次后，PLCB 梁跨中主裂缝宽度达到 1.5 mm，此时钢筋可能断裂或者失效而引起应变读数终止。当循环加载 51 万次时，可能是主筋与混凝土之间的摩擦导致该部位发出“咔、咔、咔”声音，此时，跨中主裂缝已经延伸至距离梁顶缘线 40 mm，但疲劳荷载并未明显降低。当循环加载 62.6 万次时，跨中钢筋断裂，随后裂缝延伸至梁顶部，导致整个梁体断裂。梁体断裂图如图 5-9 所示，钢筋断裂如图 5-10 所示。

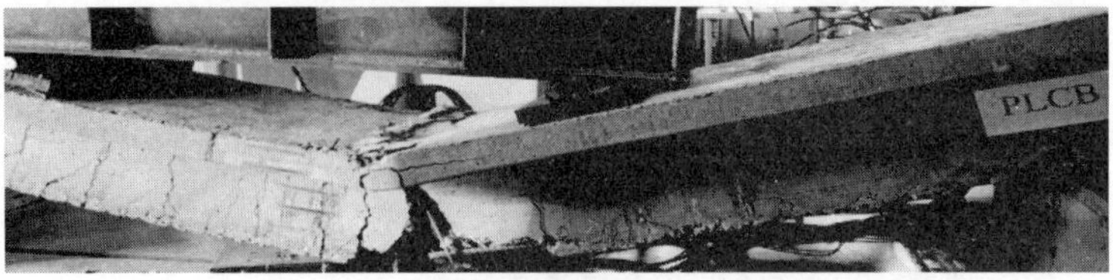

图 5-9　PLCB 梁疲劳破坏图

图 5-10　PLCB 梁钢筋断裂图

PLB_1 梁疲劳上限、下限取值与 PLCB 梁相同，疲劳上限值为 70 kN，疲劳下限值为 20 kN，见表 5-3。在施加疲劳荷载前，先施加静力荷载至疲劳上限 70 kN，聚合物砂浆伴随着混凝土开裂而出现多条竖向裂缝。然后施加疲劳荷载，疲劳荷载作用下，加载 20 万次时裂缝宽度约为 0.2 mm，跨中的一条裂缝宽度明显大于其他裂缝而成为主要裂缝。但是当疲劳循环达到 155.3 万次时，梁体发出“咔”的一声响，底部一根主筋发生断裂，3 min 后跨中 5 根钢丝绳随着“砰”的一声巨响而断裂，整个梁体断裂成两节，试件彻底破坏，如图 5-11 和图 5-12 所示。

图 5-11　PLB_1 梁疲劳破坏图

在运输试件 PLB_2 过程中因为吊装不当，而造成梁体中部出现多条裂缝，未进行处理，直接进行聚氨酯水泥-预应力钢丝绳加固。为了研究不同加固方式对试件疲劳寿命的影响，对 PLB_2 梁施加的疲劳荷载上、下限仍然与 PLCB 梁相同，疲劳荷载上限 P_{max}=70 kN，疲劳荷载下限 P_{min}=20 kN。先施加静力荷载至疲劳荷载上限，最大裂缝宽度为 0.10 mm，卸载后裂缝闭合。对 PLB_2 梁施加疲劳荷载。在疲劳荷载作用下，混凝土裂缝迅速发展，当循环加载 20 万次后，试件损伤变化不明显。PLB_2 梁循环加载 200 万次仍未发生破坏，对循环加载后的试件进行静力加载，直至该试件破坏。静载试验后的破坏梁如图 5-13 和图 5-14 所示。

为了进一步研究钢丝绳嵌入不同材料时的疲劳性能，将疲劳荷载上限和荷载幅进一步

图 5-12　钢丝绳及钢筋断裂图

图 5-13　PLB_2 梁加载破坏图

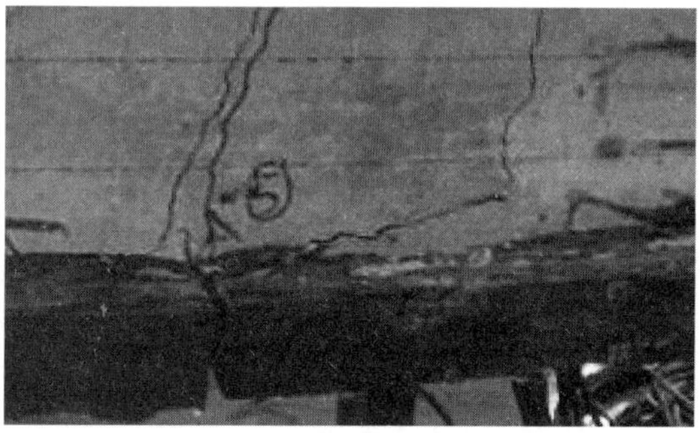

图 5-14　加固层断裂图

提高。疲劳荷载最大值 P_{max}=102 kN，最小值 P_{min}=32 kN。对 PLB_3 梁施加静力荷载至疲劳荷载上限 102 kN(0.713P_{u2}，P_{u2}为 B_2 梁极限荷载值)，然后进行相关数据采集。进行静载加载过程中，PLB_3 梁中的复合砂浆覆盖着混凝土表面，混凝土开裂致使复合砂浆开裂，裂缝相对集中在纯弯曲段，梁体裂缝宽度约为 0.18 mm。卸载后，梁体混凝土裂缝基本闭合，加固层砂浆裂缝未完全闭合，裂缝宽度为 0.03 mm。对 PLB_3 梁施加 P_{max}=102 kN、P_{min}=32 kN 的疲劳荷载，循环加载 20 万次时，跨中一个变宽、变长的裂缝发展成为后期的主裂缝。在加载过程中，加固层与梁体之间并没有发现明显的水平裂缝。振动 50 万次后，跨中的竖向主裂缝变宽。循环加载 66 万次时，随着“砰”的一声巨响，跨中的 5 根钢丝绳发生断裂，整个梁体彻底破坏。破坏后的 PLB_3 梁如图 5-15 和图 5-16 所示。

PLB_4 梁疲劳荷载取值与 PLB_3 梁相同，疲劳荷载最大值 P_{max}=102 kN，最小值 P_{min}=32 kN。在对 PLB_4 梁静力加载过程中，梁体混凝土出现了几条竖向裂缝，聚氨酯水泥并未发生开裂，卸载后梁体裂缝几乎闭合。然后施加疲劳荷载，经历 100 万次循环加载后，裂缝

图 5-15　PLB_3 梁疲劳破坏图

图 5-16　PLB_3 梁疲劳破坏细节

沿梁全长分布，裂缝发展不明显。循环加载 200 万次后梁未破坏，聚氨酯水泥未断裂，聚氨酯水泥与混凝土间未脱离，最终对 PLB_4 梁进行静力加载直至破坏，加载破坏图如图 5-17 和图 5-18 所示。

图 5-17　PLB_4 梁加载破坏图

图 5-18　PLB_4 梁加载破坏细节

为了研究不同疲劳荷载对聚氨酯水泥-预应力钢丝绳加固梁的影响，将疲劳荷载上限及荷载幅取值进一步提高。PLB_5 加固梁疲劳试验荷载最大值 P_{max}＝132 kN，最小值 P_{min}＝38 kN，见表 5-3。对 PLB_5 梁施加静力荷载至疲劳荷载上限 132 kN(0.641P_{u3}，P_{u3} 为 B_3 梁极限荷载值)，然后进行相关数据采集。在疲劳荷载作用下，PLB_5 梁跨中混凝土裂缝缓慢向上延伸，而且宽度有所增大。当循环加载 10 万次时，除了主裂缝变宽、变长外，其余裂缝均无明显变化。当循环加载 80 万次时，应变片可能临近断裂或者失效，导致钢丝绳和聚氨酯水泥应变读数中断；当循环加载 84.1 万次时，发生"砰"的一声巨响后，跨中加固层断裂，整个试件彻底破坏。PLB_5 梁破坏图如图 5-19 和图 5-20 所示。

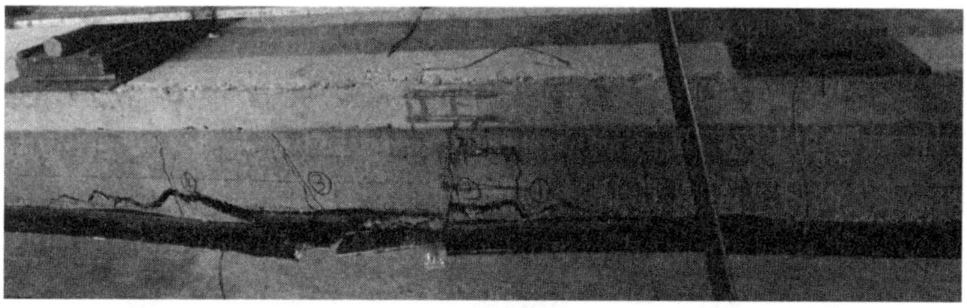

图 5-19　PLB_5 梁疲劳破坏图

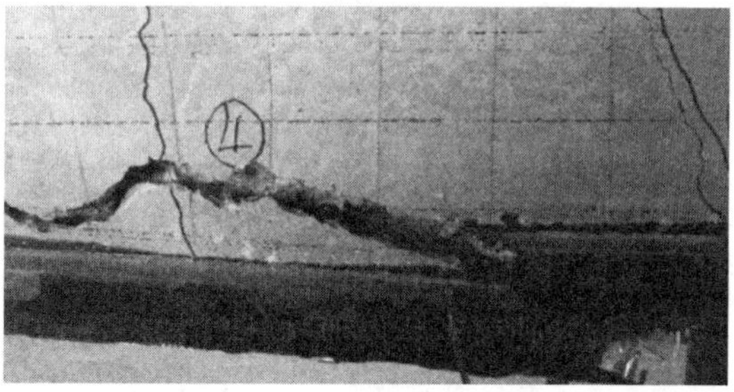

图 5-20　PLB_5 梁疲劳破坏细节

为了研究疲劳荷载对不同预加应力加固梁的影响，PLB_6 梁中钢丝绳的张拉应力布置与其余加固梁不同，该加固梁钢丝绳的张拉力为 400 MPa，约为极限抗拉强度的 33%。PLB_6 梁疲劳试验荷载与 PLB_5 梁相同，见表 5-3。在疲劳荷载作用下，混凝土裂缝发展缓慢，循环加载到 20 万次之后，试件损伤较不明显，除了跨中一条主裂缝宽度变宽外，其余裂缝未见明显变化。循环加载 98.4 万次时，跨中发出"砰"的一声响，加固层断裂，破坏图如图 5-21和图 5-22 所示。

为了研究疲劳荷载对不同预加应力加固梁的影响，PLB_7 梁中钢丝绳的张拉应力布置与其余加固梁不同，该加固梁钢丝绳的张拉力为 900 MPa，约为极限抗拉强度的 75%。PLB_7 梁疲劳试验荷载与 PLB_5 梁相同，最大值 P_{max}＝132 kN，最小值 P_{min}＝38 kN。PLB_7 梁在疲劳荷载作用下，混凝土裂缝发展缓慢，循环加载到 20 万次后，试件损伤不明显。循环加载 30 万次时，该部位的钢丝绳读数终止，钢丝绳可能临近断裂或者应变片失效。循环加载 51.7 万次时，该部位发出"啪"的一声巨响，加固层断裂，疲劳荷载上限有所下降，继续加载，大量被黏结的混凝土随着加固层开始剥离，如图 5-23 和图 5-24 所示。

图 5-21　PLB_6 梁疲劳破坏图

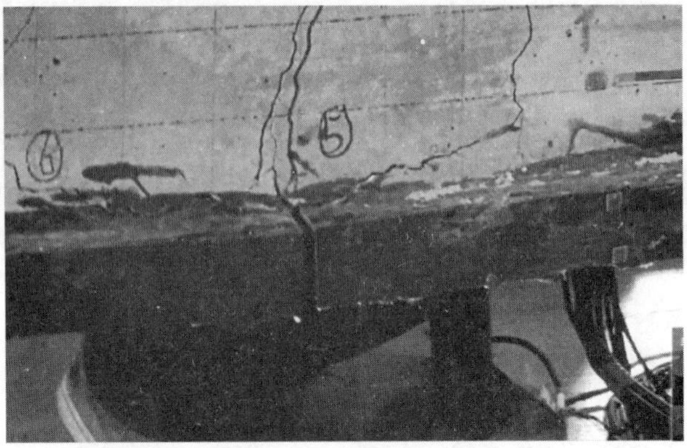

图 5-22　PLB_6 梁疲劳破坏细节

图 5-23　PLB_7 梁疲劳破坏图

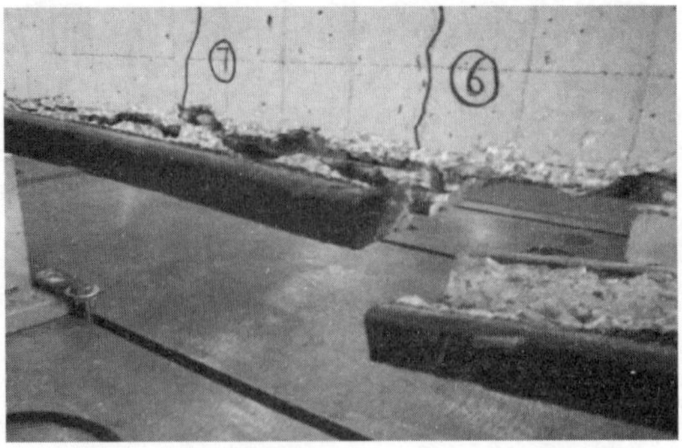

图 5-24　PLB_7 梁疲劳破坏细节

表 5-3　疲劳荷载和循环加载次数

试件编号	疲劳荷载下限/kN	疲劳荷载上限/kN	幅值/kN	循环加载次数/万次
PLCB	20	70	50	62.6
PLB_1	20	70	50	155.3
PLB_2	20	70	50	200
PLB_3	32	102	70	66.6
PLB_4	32	102	70	200
PLB_5	38	132	85	84.1
PLB_6	38	132	85	98.4
PLB_7	38	132	85	51.7

5.5.2　累计损伤分析

5.5.2.1　PLCB 累计损伤分析

图 5-25 描绘了各试件跨中挠度和材料应变随着循环加载次数增加的变化过程。各试件均为等幅疲劳。疲劳试验过程中的挠度和应变采用动态应变测试系统进行采集，通过停机静载试验来观察循环加载次数增加时试件损伤累积的过程。

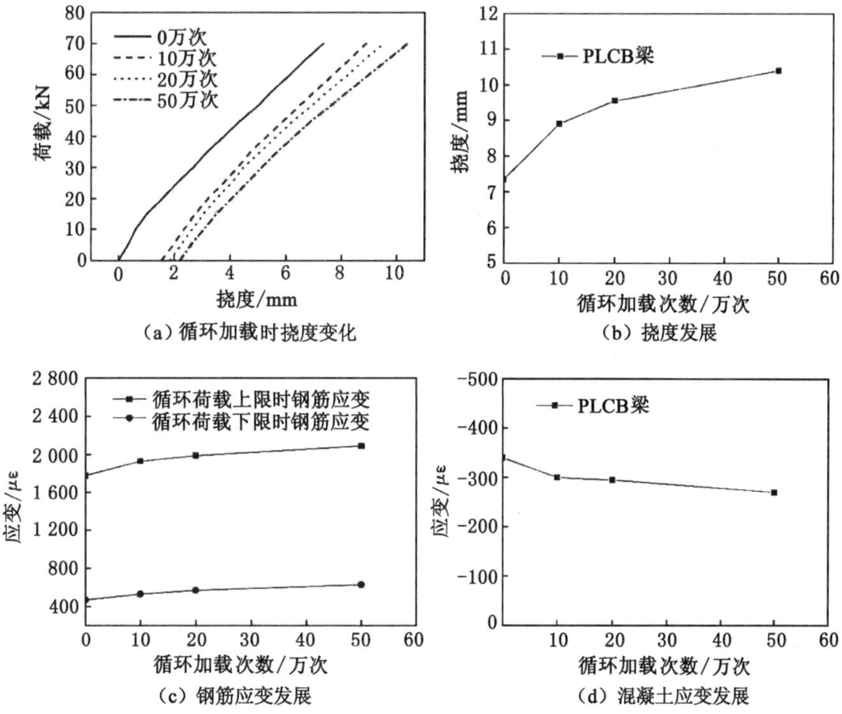

图 5-25　PLCB 梁的变形及应变发展

PLCB 梁的跨中挠度在 1 万次循环加载后增长较为显著，表明经过开始的 1 万次循环加载，PLCB 梁的累计损伤已有发生。PLCB 梁跨中挠度在经过 2 万次至 10 万次的循环加载后显著增长，而且梁体挠度与循环次数呈线性关系，在此荷载幅作用下试件的损伤发展迅速。疲劳荷载下限作用下的钢筋应变随着循环次数增加基本不变，荷载上限对应的钢筋应变与跨中挠度变化趋势相同，随后增长幅度与疲劳次数呈线性关系，且最初增长较为明显。该荷载幅度作用下试件纯弯段的混凝土压应变较小，整个试验过程中变化不大。

5.5.2.2 试件 PLB_1、PLB_2、PLB_3、PLB_4 变形发展对比

从试验结果可以看出：在 20/70 kN 荷载幅作用下，试件 PLB_1 第 1 次荷载循环的最大挠度为 6.1 mm，最初 10 万次荷载循环使得 PLB_1 梁跨中变形显著增长，随后变形-疲劳次数曲线趋于水平，随着疲劳次数增加，试件的变形增加不明显。循环加载 100 万次后，试件跨中变形又出现明显发展，表明这一阶段试件累计损伤速度加快，试件在循环加载达到 155.3 万次后破坏。PLCB 梁的疲劳荷载上、下限与 PLB_1 梁相同，但是跨中挠度远大于 PLB_1 梁，疲劳寿命远小于 PLB_1 梁。

PLB_2 梁的疲劳荷载上、下限与 PLB_1 梁相同，第 1 次循环加载后的最大挠度为 4.7 mm，最初 10 万次循环加载使得 PLB_1 梁的跨中变形显著增加，随后变形-循环加载次数关系曲线趋于水平。随着疲劳次数增加，试件的变形发展不明显，循环加载 200 万次后试件未破坏。PLB_2 梁荷载上限与 PLB_1 梁相同，但是跨中挠度小于 PLB_1 梁，疲劳寿命也高于 PLB_1 梁。

PLB_3 梁的疲劳荷载上、下限分别为 102 kN、32 kN，荷载幅为 PLB_1 梁的 1.4 倍，最初 10 万次循环加载使得 PLB_3 梁的跨中变形增长显著，最后变形-循环加载次数关系曲线趋于水平，10 万～20 万次循环加载时试件的变形发展较不明显。循环加载 20 万次后，试件跨中变形出现明显发展，表明在这一阶段试件损伤积累速度加快，循环加载 66.6 万次后梁破坏。试件 PLB_3 疲劳荷载上限为 PLCB 的 1.46 倍，第 1 次荷载循环后跨中挠度比 PLCB 梁小，疲劳寿命大于 PLCB 梁的 62.6 万次。PLB_3 梁的疲劳荷载下限为 PLB_1 梁的 1.60 倍，前 10 万次循环加载后两个试件挠度值接近，但超过 10 万次循环加载后，PLB_3 梁与 PLB_1 梁挠度差值随着循环加载后次数的增加逐渐增大，表明这一阶段 PLB_3 梁的累计损伤加快。

PLB_4 梁疲劳荷载上、下限与 PLB_3 梁相同，但该试件第 1 次循环加载后跨中挠度小于 PLB_3 梁。PLB_4 梁的跨中变形在最初的 10 万次循环加载后增长较为明显，此后变形-循环加载次数关系曲线趋于水平，直至循环加载 200 万次试件仍未发生破坏。PLB_4 梁的疲劳荷载下限为 PLB_2 梁的 1.60 倍，前 10 万次循环加载后，两个试件挠度值接近，超过 10 万次循环加载后，随着循环加载次数的增加，PLB_4 梁的挠度逐渐大于 PLB_2 梁，表明这一阶段 PLB_4 梁的累计损伤要快于 PLB_2 梁。

图 5-26(a)和图 5-26(b)为循环加载次数对 PLB_1 梁和 PLB_2 梁的残余挠度和最大挠度的影响。当循环加载 10 万次时，PLB_1 梁残余挠度为 0.7 mm；当循环加载 20 万次、50 万次、100 万次和 150 万次后，PLB_1 梁的残余挠度分别为 0.8 mm、0.84 mm、0.91 mm 和 1.15 mm，残余挠度在 50 万～100 万次循环加载后几乎不增大。PLB_1 梁初次静载加载时挠度为 6.1 mm，当循环加载 10 万次后，梁的最大挠度为 6.56 mm。20 万～150 万次循环加载，PLB_1 梁的平均最大挠度约为 6.69 mm，即梁体最大挠度在超过 10 万次循环加载后几乎不变。PLB_2 梁为聚氨酯水泥加固梁，初次静载加载时挠度为 4.61 mm，比同等条件下的复合砂浆预应力钢丝绳加固梁挠度减小 24.4%；循环加载至 20 万次、50 万次、100 万次和 150

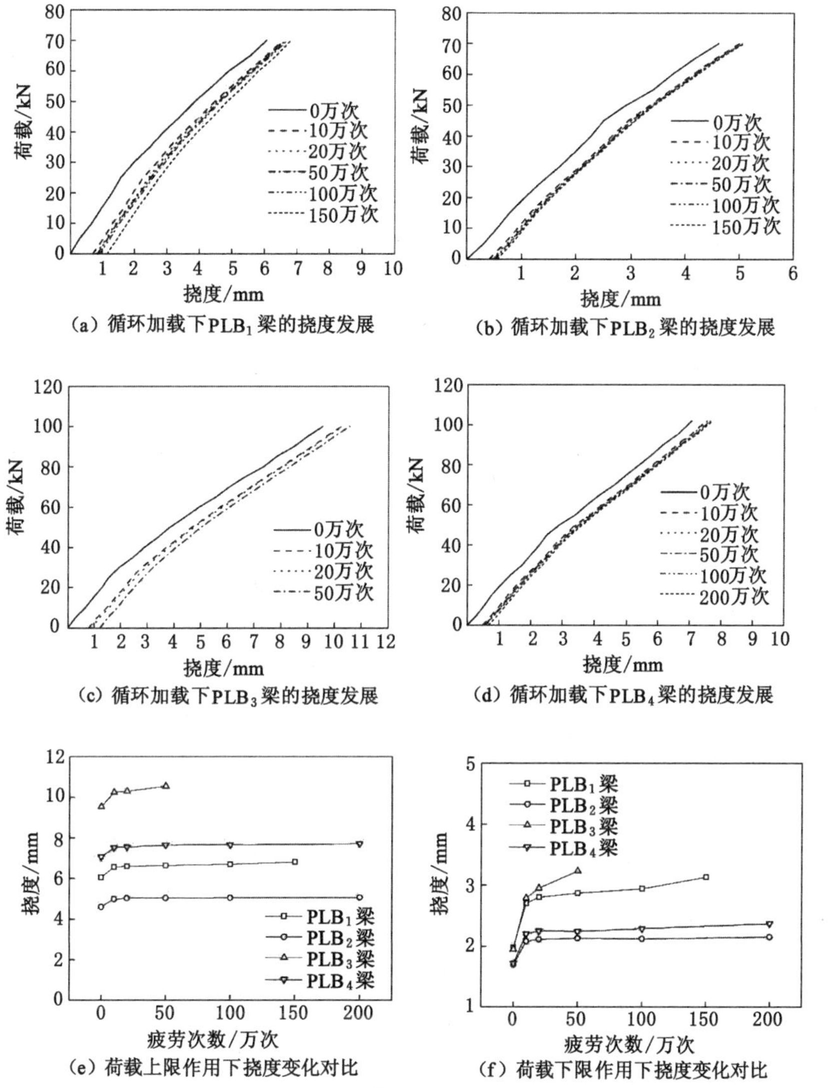

图 5-26　PLB_1—PLB_4 梁变形发展

万次后平均最大挠度为 5.05 mm，比 PLB_1 梁减小 24.5%；循环 20 万次、50 万次、100 万次和 150 万次时，平均残余挠度为 0.51 mm，比 PLB_1 梁的平均值 0.93 mm 减小 45%。

图 5-26(c)和图 5-26(d)为 PLB_3 梁和 PLB_4 梁的循环加载次数对梁残余挠度和最大挠度的影响，当循环加载超过 10 万次时，PLB_3 梁的残余挠度约为 0.8 mm，当循环加载达到 20 万次和 50 万次后，PLB_3 和 PLB_4 梁的残余挠度分别为 0.9 mm 和 1.22 mm；第一次静载加载时，PLB_3 梁的最大挠度为 9.55 mm，当循环加载 10 万次后，PLB_3 梁体的最大挠度为 10.25 mm，在循环加载 20 万次至 50 万次过程中，PLB_3 梁的平均最大挠度约为 10.43 mm，即梁体最大挠度超过 10 万次的循环加载后几乎不变。PLB_4 梁为聚氨酯水泥-预应力钢丝绳加固梁，第一次静力加载时的最大挠度为 7.06 mm，比复合砂浆预应力钢丝绳加固梁减小26.1%；循环加载 20 万次至 50 万次时平均最大挠度为 7.60 mm，比 PLB_2 梁减小 27.1%；循环加载 20 万次至 50 万次时，平均残余挠度为 0.56 mm，比 PLB_2 梁的平均值减

小 14%。

5.5.2.3 试件 PLB_2、PLB_4、PLB_5 的变形发展对比

试件 PLB_5 的疲劳荷载上、下限分别为 38 kN、132 kN，疲劳荷载上限为试件 PLB_4 的 1.29 倍，为试件 PLB_2 的 1.89 倍。最初 10 万次循环加载使得 PLB_5 梁跨中变形显著增加，最后的变形-循环加载次数关系曲线趋于水平，10 万次至 50 万次循环加载中试件的变形发展不明显。循环加载 50 万次后，试件跨中变形有明显发展，表明在这一阶段试件损伤积累速度加快，试件循环加载 84.1 万次后发生破坏。PLB_5 梁疲劳荷载下限为 PLB_2 梁的 1.90 倍，为 PLB_4 梁的 1.19 倍。前 10 万次循环加载下，3 个试件的挠度值接近，超过 10 万次循环加载后，随着循环加载次数的增加，PLB_5 梁的挠度逐渐大于 PLB_2 梁和 PLB_4 梁，表明这一阶段 PLB_5 梁的累计损伤快于其余两个试件。

图 5-27(a)为试件 PLB_5 的循环加载次数对梁残余挠度和最大挠度的影响。当循环加载 10 万次后，PLB_5 梁的残余挠度约为 0.5 mm。当循环加载 20 万次和 50 万次后，梁体残余挠度分别为 0.56 mm 和 0.63 mm。当循环加载 10 万次后，PLB_5 梁的残余挠度几乎不增大。第一次静载加载时，PLB_5 梁的最大挠度为 10.0 mm，当循环加载 10 万次后，梁体的最大挠度为 10.46 mm，当循环加载 20 万次至 50 万次过程中，PLB_5 梁的平均最大挠度约为 10.59 mm，即梁体最大挠度超过 10 万次的循环加载后几乎不变。由于疲劳上限的增大，PLB_5 梁初次静力加载至最大疲劳荷载时的最大挠度比 PLB_4 梁增大 41.6%；循环加载 20 万至 50 万次时梁的平均最大挠度为 10.59 mm，比 PLB_4 梁增大 39.2%；循环加载 20 万次至 50 万次时，平均残余挠度为 0.64 mm，比 PLB_4 梁的平均值 0.56 mm 增大 14%。

5.5.2.4 试件 PLB_5、PLB_6、PLB_7 变形发展对比

试件 PLB_6 的疲劳荷载上、下限分别为 132 kN、38 kN，疲劳荷载与试件 PLB_5 相同。最初 20 万次加载循环使得 PLB_6 梁的变形显著增长，最后变形-循环加载次数关系曲线中变形幅度有所减小，但依然保持增加，表明试件在循环加载 20 万次以后累计损伤持续增加，循环加载 98.4 万次后试件破坏，疲劳寿命明显高于 PLB_5 梁。

图 5-28(a)为试件 PLB_6 的循环加载次数对梁残余挠度和最大挠度的影响。当循环加载 10 万次后，PLB_6 梁的残余挠度为 0.57 mm，当循环加载 20 万次和 50 万次后，梁体的残余挠度分别为 0.66 mm 和 0.76 mm，循环加载 10 万次后残余挠度增加缓慢。初次静力加载至最大疲劳荷载时，最大挠度为 10.15 mm。当循环加载 10 万次后，PLB_6 梁的最大挠度为 10.53 mm，当循环加载 20 万次至 50 万次过程中，PLB_6 梁的最大挠度为 10.83 mm，即梁体最大挠度超过循环加载 10 万次后几乎不变。由于钢丝绳应力降低，PLB_6 梁初次静力加载至最大疲劳荷载时的最大挠度比 PLB_5 梁增加 1.5%；循环加载至 20 万次至 50 万次的平均最大挠度比 PLB_5 梁增加 2.7%；循环加载 20 万次至 50 万次时，平均残余挠度为 0.71 mm，比 PLB_5 梁的平均值 0.60 mm 增加 18.3%。

PLB_7 梁的疲劳荷载与 PLB_5 相同。在整个循环加载过程中，PLB_7 梁的变形显著增长，表明试件在整个循环加载过程中累计损伤持续增加，循环加载达到 51.7 万次后试件破坏，疲劳寿命明显低于 PLB_5 梁。

与 PLB_5 梁相比，PLB_7 梁钢丝绳初始张拉应力提高，张拉应力为 900 MPa，达到极限张

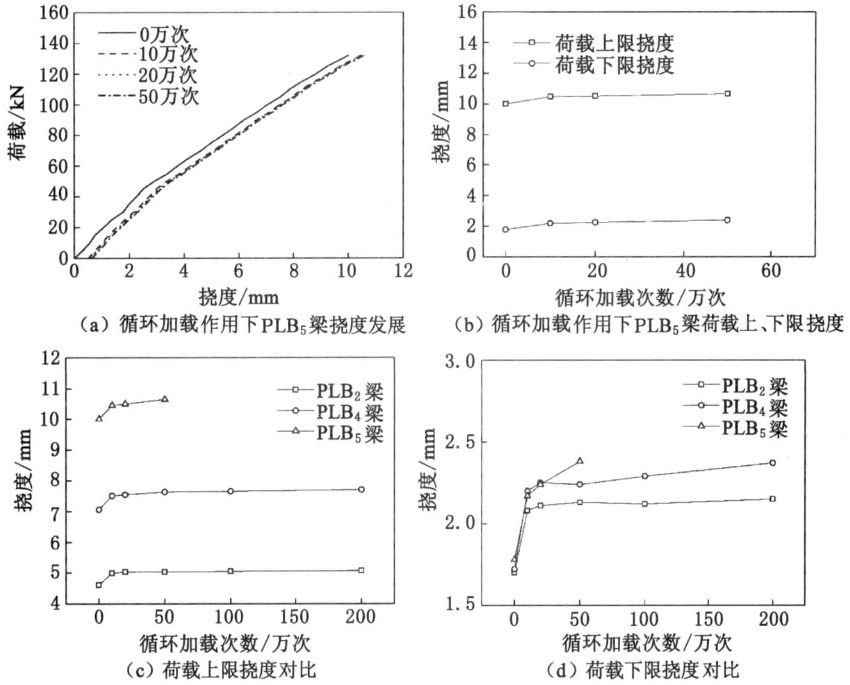

图 5-27　PLB_2、PLB_4 和 PLB_5 梁的变形发展

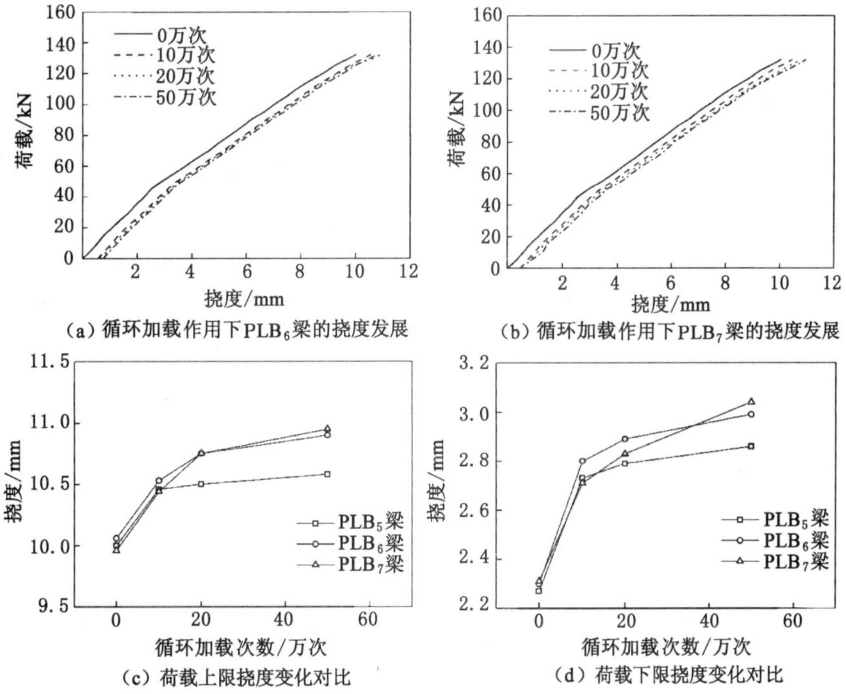

图 5-28　PLB_5、PLB_6 和 PLB_7 梁的变形发展

拉应力的 75%。图 5-28(b)为 PLB_7 梁的循环加载次数对残余挠度和最大挠度的影响。当循环加载 10 万次后，PLB_5 梁的残余挠度为 0.48 mm。当循环加载 50 万次时，梁体的残余挠度为 0.67 mm。初次静力加载至最大疲劳荷载时，最大挠度为 10.05 mm。当循环加载 10 万次时，PLB_5 梁的最大挠度为 10.44 mm。当循环加载 50 万次时，最大挠度达到 10.95 mm，表明循环加载超过 10 万次后对最大挠度有显著影响。PLB_7 梁初次静力加载至最大疲劳荷载时的最大挠度与 PLB_5 梁接近；循环加载至 50 万次时的最大挠度比 PLB_5 梁增加 3.5%。循环加载 20 万次时的平均残余挠度为 0.67 mm，与 PLB_5 梁的平均值 0.60 mm 相当。

5.5.2.5 试件 PLB_1、PLB_2、PLB_3、PLB_4 应变发展对比

图 5-29 描述了试件 PLB_1、PLB_2、PLB_3 和 PLB_4 随着循环加载次数增加，钢筋应变幅值、钢丝绳应变幅值和聚氨酯水泥应变幅值的变化情况，并对 4 根加固试件的钢筋和钢丝绳的应变幅值进行了比较。

由图 5-29 可以看出：随着循环加载次数增加，试件 PLB_1 与 PLB_3 的钢筋应变幅值与钢丝绳应变幅值呈现很好的一致性；试件 PLB_2 与 PLB_4 的钢筋应变幅值、钢丝绳应变幅值与聚氨酯水泥应变幅值呈现很好的一致性。

最初的 100 万次循环加载中，PLB_1 梁的钢筋应变幅值与钢丝绳应变幅值变化一致，且钢筋应变幅值小于钢丝绳应变幅值，100 万次循环加载后钢筋应变幅值显著增大，而钢丝绳应变幅值的增长缓慢，到达 100 万次时钢筋应变幅值甚至超过了钢丝绳应变幅值。这一现象表明循环加载超过 100 万次后，钢筋与复合砂浆中钢丝绳之间的应变协调性下降，意味着钢丝绳与复合砂浆之间出现了滑移。试件 PLB_2 在整个循环加载过程中钢筋、钢丝绳和聚氨酯水泥的应变幅值变化一致，且钢筋应变幅值小于钢丝绳应变幅值和聚氨酯水泥应变幅值。最初的 100 万次循环加载过程中材料的应变幅值随着循环次数增加而有所增加。超过 100 万次循环加载后，材料应变幅值-循环加载次数关系曲线接近水平。

在试件 PLB_3 和试件 PLB_4 加载过程中疲劳荷载相同。在最初的 100 万次循环加载过程中，PLB_3 梁钢筋与钢丝绳应变幅值变化趋势一致，且钢筋应变幅值小于钢丝绳应变幅值，当循环加载 10 万次时，两种材料应变幅值差值为 242 $\mu\varepsilon$。当循环加载 10 万次后，PLB_3 梁钢筋应变幅值增加明显，但钢丝绳应变幅值增加比较缓慢。当循环加载 50 万次时，PLB_3 梁钢筋与钢丝绳应变幅值差值仅为 95 $\mu\varepsilon$。表明超过 10 万次循环加载后，钢筋与复合砂浆中钢丝绳之间的应变协调性降低，意味着钢丝绳与复合砂浆间出现了滑移。在整个循环加载过程中，PLB_4 梁的钢筋、钢丝绳与聚氨酯水泥应变幅值变化一致，且钢筋应变幅值小于钢丝绳和聚氨酯水泥的应变幅值。最初的 100 万次循环加载过程中材料的应变幅值随着循环次数增加而有所增大；循环加载 100 万次至 150 万次过程中材料应变幅值-循环加载次数关系曲线接近水平，此时材料的应变幅值并没有随着循环加载次数的增加而增大；超过 150 万次后，材料的应变幅值又开始随着循环加载次数的增加而增大。

图中描述了 4 根加固试件的钢筋应变幅值与疲劳寿命的关系。可以看到：通过钢丝绳施加预应力，虽然 PLB_1 梁荷载上、下限与 PLCB 梁相同，但是 PLB_1 梁钢筋的应变幅值远低于 PLCB 梁。虽然 PLB_3 梁的荷载幅为 PLCB 梁的 1.4 倍，荷载上限为 PLCB 梁的 1.46 倍，但是 PLB_3 梁主筋的应变幅值比 PLCB 梁还略小，充分体现了预应力钢丝绳加固能够改

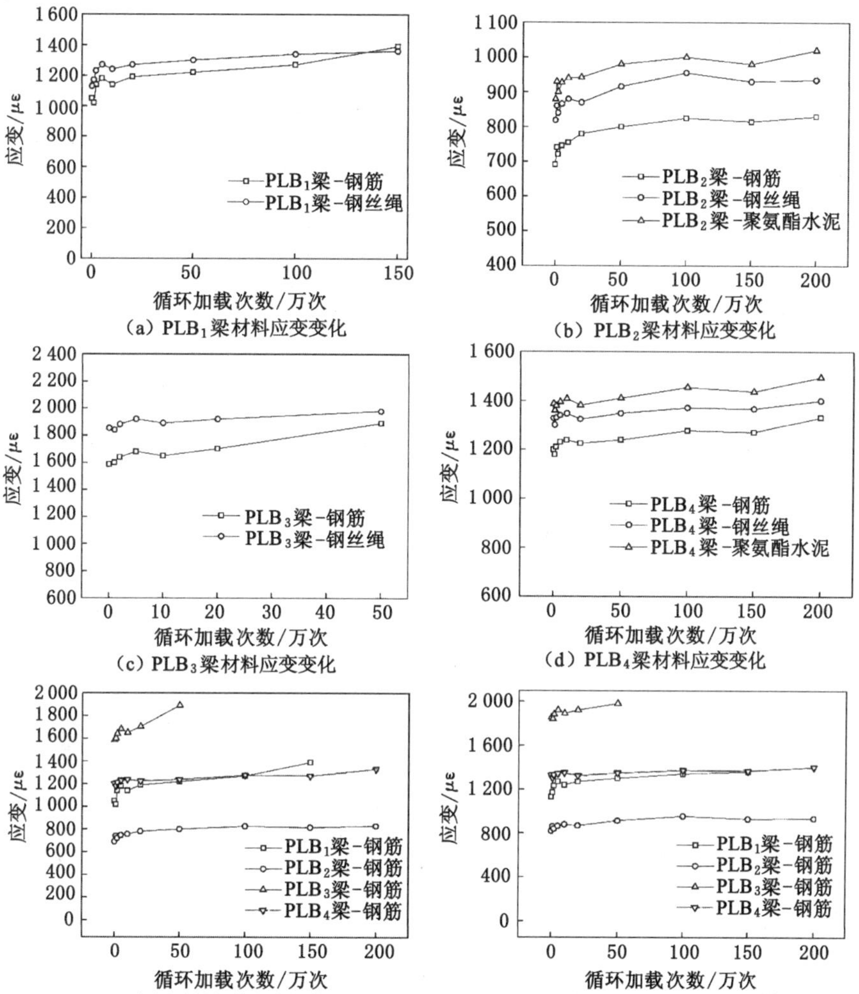

(a) PLB_1梁材料应变变化　(b) PLB_2梁材料应变变化

(c) PLB_3梁材料应变变化　(d) PLB_4梁材料应变变化

(e) 加固试件钢筋应变幅值对比　(f) 加固试件钢丝绳应变幅值对比

图 5-29 PLB_1、PLB_2、PLB_3 和 PLB_4 梁应变幅值对比

变梁体应力分布,降低钢筋应力幅值作用。因为循环加载作用下钢筋应力幅值是决定受弯构件疲劳寿命的一个主要因素,而导致 PLB_1 梁和 PLB_3 梁的寿命比 PLCB 梁要高。

由图 5-29 可知:钢丝绳嵌入聚氨酯水泥,即使 PLB_2 梁荷载与 PLB_1 梁的相同,其钢筋应变幅值也远低于 PLB_1 梁。PLB_4 梁的荷载幅值为复合砂浆预应力钢丝绳加固梁 PLB_1 梁的 1.4 倍,荷载上限为 PLB_1 梁的 1.46 倍,其最初应变幅值与 PLB_1 梁相当,充分体现了聚氨酯水泥作为预应力钢丝绳嵌入材料在改善受弯构件应力分布和降低钢筋应力方面的作用。因为循环荷载作用下钢筋应力幅值是决定受弯构件疲劳寿命的一个主要因素,而导致 PLB_4 梁和 PLB_3 梁的疲劳寿命比 PLB_2 梁和 PLB_1 梁高。

另外,图 5-29(f)中描述了加固试件的钢丝绳应变幅值与疲劳寿命之间的关系。可以看出:即使 PLB_2 梁荷载与 PLB_1 梁相同,其钢丝绳应变幅值也远低于 PLB_1 梁。试件 PLB_4 的荷载幅为复合砂浆预应力钢丝绳加固梁 PLB_1 的 1.4 倍,其钢丝绳最初应变幅值与 PLB_1 梁相当,表明聚氨酯水泥作为钢丝绳的嵌入材料同样可以改善加固层中应力分布,降低钢丝绳应力，可以提高循环加载过程中钢丝绳的使用寿命。

5.5.2.6 试件 PLB_2、PLB_4、PLB_5 应变发展对比

图 5-30(a)描述了试件 PLB_5 随着循环加载次数的增加，钢筋应变幅值、钢丝绳应变幅值和聚氨酯水泥应变幅值变化情况。并将 PLB_2、PLB_4 和 PLB_5 梁这 3 根加固梁的钢筋、钢丝绳和聚氨酯水泥的应变幅值进行了比较。

PLB_5 梁在整个循环加载中钢筋、钢丝绳和聚氨酯水泥应变幅值变化一致，且钢筋应变幅值小于加固层两种材料的应变幅值。循环加载 50 万次后钢筋应变幅值显著增大，同时加固层的应变幅值增大显著。

图 5-30 描述了 3 根加固试件的钢筋应变幅值、钢丝绳应变幅值、聚氨酯水泥应变幅值与疲劳寿命之间的关系。由图 5-30 可知：随着荷载幅值与疲劳荷载上限的增大，加固试件中钢筋的应变幅值增大，其中 PLB_5 梁中钢筋幅值较 PLB_2 和 PLB_4 梁大很多，这也导致该梁的疲劳寿命明显低于其他两个构件。同时，PLB_5 梁中钢丝绳应变幅值和聚氨酯水泥应变幅值也远高于 PLB_2 和 PLB_4 梁，这在一定程度上降低了加固层在循环加载过程中的疲劳寿命。

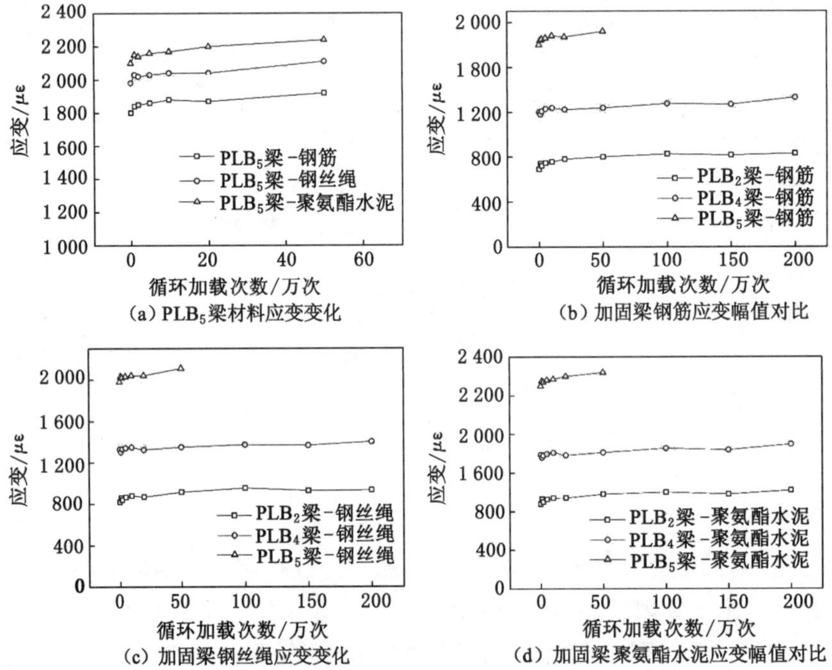

图 5-30 PLB_2、PLB_4 和 PLB_5 梁应变幅值对比

5.5.2.7 试件 PLB_5、PLB_6、PLB_7 应变发展对比

图 5-31 描述了 PLB_5、PLB_6 和 PLB_7 梁随着循环加载次数增加，钢筋应变幅值、钢丝绳应变幅值和聚氨酯水泥应变幅值的变化情况，并将 PLB_5、PLB_6 和 PLB_7 加固梁的钢筋和钢丝绳的应变幅值进行了比较。

由图 5-31(a)和图 5-31(b)可知：随着循环加载次数增加，PLB_6 与 PLB_7 梁的钢筋应变幅值、钢丝绳应变幅值与聚氨酯水泥应变幅值呈现出很好的一致性。由于 PLB_6 梁钢丝绳初始张拉应力小于 PLB_7 梁，而 2 根梁的疲劳荷载取值相同，从而导致 PLB_6 梁材料应变幅值大于

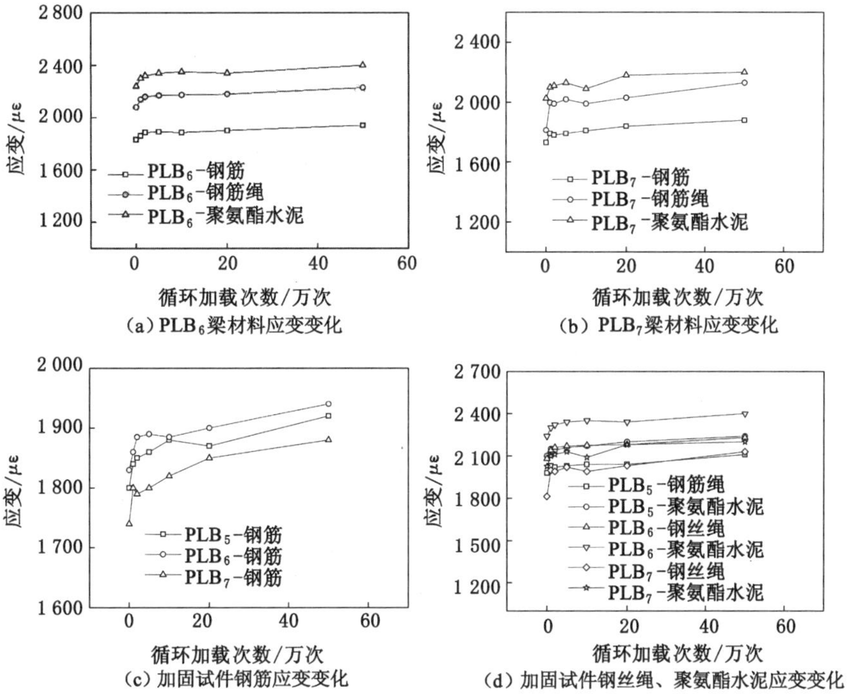

图 5-31　PLB$_5$、PLB$_6$ 和 PLB$_7$ 梁应变幅值对比

PLB$_7$ 梁。最初的 10 万次循环加载过程中材料的应变幅值随着循环次数增加而快速增大；超过 10 万次后，材料的应变幅值随着循环加载次数增加而增大，但是增大幅度明显低于前 10 万次。

另外，图 5-31(c)描述了加固试件的钢筋与疲劳寿命之间的关系。可以看出：虽然 3 根梁疲劳荷载相同，但是由于钢丝绳初始张拉应力不同，而导致钢筋和聚氨酯水泥应变幅值有差异，PLB$_6$ 梁聚氨酯水泥应力幅值明显高于 PLB$_5$ 和 PLB$_7$ 梁。3 根梁的破坏形式均为加固层疲劳破坏。PLB$_5$ 梁破坏前加固层中聚氨酯水泥和钢丝绳应变片均失效，无法辨别是加固层中哪种材料导致构件疲劳破坏。图 5-31(d)描述了加固试件的钢丝绳和聚氨酯水泥与疲劳寿命之间的关系。可以看到：疲劳荷载作用下，PLB$_6$ 梁聚氨酯水泥应力幅值明显高于其余 2 根梁，在疲劳荷载作用下应变幅值接近 2 500 με，在加载过程中没有发生钢筋断裂破坏，主要原因可能是加固层中聚氨酯水泥疲劳破坏引起加固层失效。PLB$_7$ 梁由于钢筋应变幅值较小，没有发生钢筋疲劳断裂，与 PLB$_6$ 梁破坏模式相同，均为加固层破坏。PLB$_7$ 梁的聚氨酯水泥和钢丝绳的应变幅值均小于 PLB$_6$ 梁，甚至小于 PLB$_5$ 梁，因为聚氨酯水泥引起的加固层疲劳破坏概率不大。即使 PLB$_7$ 梁钢丝绳应变幅值较小，由于该梁钢丝绳初始张拉应变最大，在循环加载过程中钢丝绳达到名义屈服状态，所以循环加载过程中 PLB$_7$ 梁钢丝绳产生的绝对应变最大，因此该梁加固层疲劳破坏有可能是钢丝绳引起的。

5.5.3　试件剩余承载力

经历了 200 万次循环加载后，PLB$_2$ 梁和 PLB$_4$ 梁均未发生破坏，对 2 根梁进行静载试验，通过试验来准确获得疲劳损伤后梁体的静力性能(表 5-4)和剩余承载力。

表 5-4　循环加载后梁的静力性能

梁编号	开裂荷载/kN	屈服荷载/kN	极限荷载/kN	最大聚氨酯水泥应变/με	最大复合砂浆应变/με	最大钢丝绳应变/με
B_3	46	122	206	7 339	—	11 168
PLB_2			190			
PLB_4			170			

由图 5-32 可知：在聚氨酯水泥断裂之前，随着荷载增加，梁体跨中变形及材料应变基本呈直线形。加载至 140 kN 时主筋屈服，梁体变形比屈服前增长幅度大，材料应变也迅速发展以承担继续上升的荷载。加载至 190 kN 时，加固层发生断裂，此时聚氨酯水泥的应变为 6 700 με，在整个加载过程中，加固层没有发生与底缘混凝土剥离的现象。

由图 5-32 给出的 PLB_2 梁疲劳损伤后的静载试验结果与 B_3 梁的静载试验结果比较可以看出：经历循环加载 200 万次后，PLB_2 梁累计损伤较小。由于主梁混凝土已开裂，PLB_2 梁的抗弯刚度较 B_3 梁开裂前的抗弯刚度小，但与 B_3 梁开开裂后的抗弯刚度相当，表现为 PLB_2 梁的荷载-挠度关系曲线在 46 kN(B_3 梁的开裂荷载)前与 B_3 梁有所差距，但 46 kN 至梁体破坏段两者曲线基本平行。

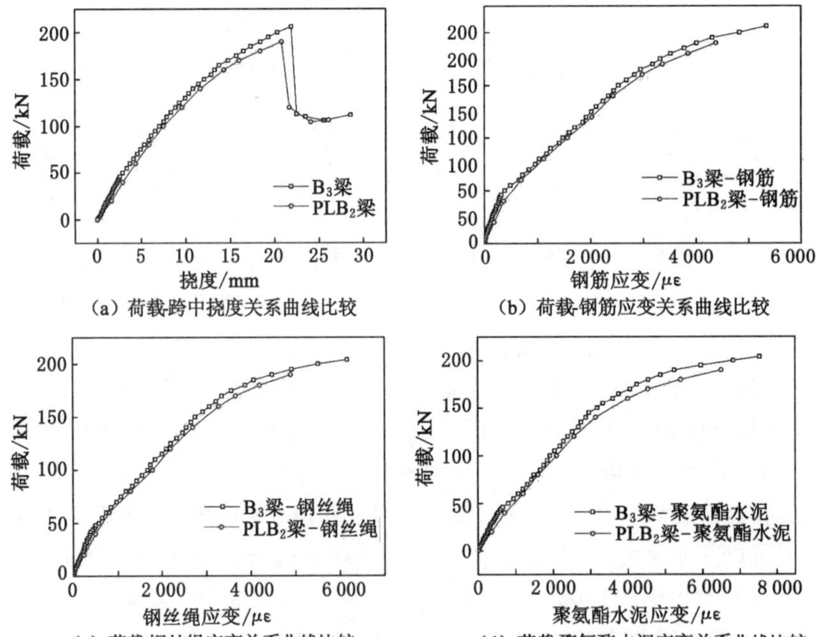

(a) 荷载-跨中挠度关系曲线比较　(b) 荷载-钢筋应变关系曲线比较

(c) 荷载-钢丝绳应变关系曲线比较　(d) 荷载-聚氨酯水泥应变关系曲线比较

图 5-32　PLB_2 梁静载破坏

与 PLB_2 梁相比，PLB_4 梁的疲劳荷载上限和荷载幅高，与之对应的钢筋应变幅值、钢丝绳应变幅值和聚氨酯水泥应变幅值要大得多。从分析中可以看出：PLB_4 梁在 150 万次至 200 万次循环加载过程中跨中变形、钢筋应变幅值、钢丝绳应变幅值及聚氨酯水泥应变幅值均显著增大，主梁裂缝宽度也明显增大，表明在该荷载幅作用下经历 200 万次疲劳加载后试件已经产生了一定的累计损伤。疲劳损伤之后的静载破坏，试件加载至 170 kN 时加固层发生断裂破坏。最终荷载稳定在 115 kN。

由图 5-33 所给出的 PLB_4 梁的挠度、材料应变与 B_3 梁的比较可以看出：在 32 kN、102 kN 荷载幅作用下，经历 200 万次循环加载后 PLB_4 梁产生了一定程度累计损伤。PLB_4 梁的屈服荷载低于 B_3 梁，抗弯刚度也低于 B_3 梁，荷载-挠度关系曲线斜率明显小于 B_3 梁。在相同荷载作用下，PLB_4 梁钢筋应变发展很快，荷载-钢筋应变关系曲线斜率低于 B_3 梁。这说明该荷载幅作用下，累计损伤主要发生在试件受拉部分，受压混凝土的累计损伤不明显。

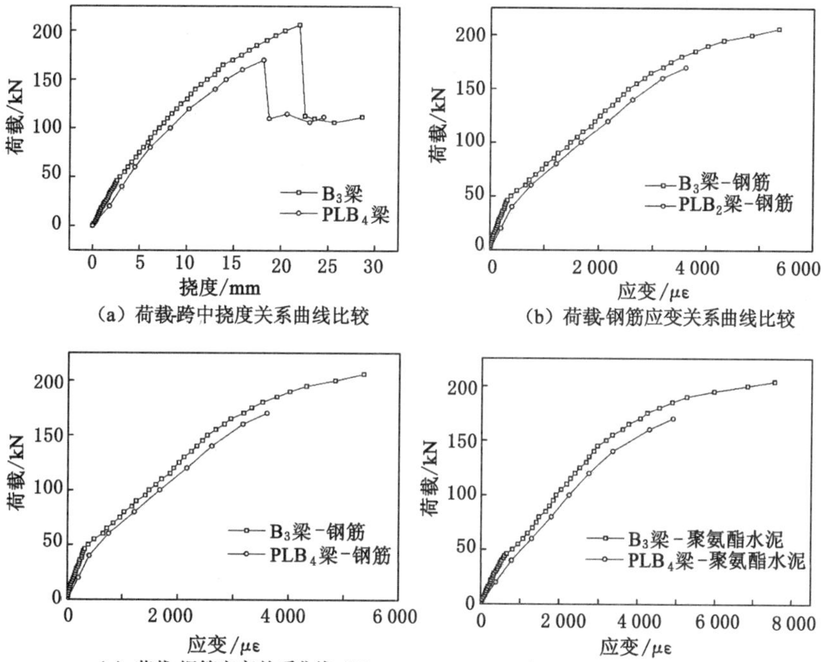

(a) 荷载-跨中挠度关系曲线比较　(b) 荷载-钢筋应变关系曲线比较

(c) 荷载-钢筋应变关系曲线对比　(d) 荷载-混凝土压应变关系曲线对比

图 5-33　PLB_4 梁静载破坏

5.6　本章小结

(1) 将预应力钢丝绳嵌入聚氨酯水泥，显著改善了受弯构件的截面应力分布，降低了钢筋应力。在相同的荷载幅和疲劳荷载上、下限作用下，聚氨酯水泥-预应力钢丝绳加固试件比预应力钢丝绳加固试件的钢筋应变幅值低。聚氨酯水泥-预应力钢丝绳加固梁的疲劳寿命比预应力钢丝绳加固试件有很大提高。在荷载幅值和疲劳上限远高于预应力钢丝绳加固试件的条件下，聚氨酯水泥-预应力钢丝绳加固梁比预应力钢丝绳加固梁的疲劳寿命提高显著。

(2) 经历 200 万次较低荷载幅循环加载后，聚氨酯水泥-预应力钢丝绳加固梁保持了绝大部分承载能力，其受力性能曲线大部分与静载试验非常接近。经历 200 万次较高荷载幅循环加载后，聚氨酯水泥-预应力钢丝绳加固梁保持了大部分承载能力，但是产生了一定的累计损伤，受力性能劣于静载试件，断裂时的荷载为静载试验的 82.5%。

(3) 聚氨酯水泥-预应力钢丝绳加固受弯构件的疲劳性能不完全取决于构件钢筋应力幅值,也受加固层中钢丝绳和聚氨酯水泥应力幅值的影响。

6　抗弯加固计算理论分析与设计方法研究

6.1　聚氨酯水泥-预应力钢丝绳加固受弯构件的全过程分析

6.1.1　加固矩形截面受弯构件的非线性分析

根据第3章静载试验结果：聚氨酯水泥-预应力钢丝绳加固的受弯构件仍然符合平截面假定。因此，可以用平截面假定对加固的受弯构件的弯曲性能进行准确预测，所以本书采用传统的平面假定对聚氨酯水泥-预应力钢丝绳加固构件的弯曲性能进行分析。

对聚氨酯水泥-预应力钢丝绳加固后的钢筋混凝土进行计算分析时假定如下：

(1) 截面变形符合平截面假定。

(2) 纯弯段任一截面混凝土和钢筋的应变相等，即截面曲率在纯弯段不变。

(3) 主筋与混凝土之间、钢丝绳与聚氨酯水泥之间以及聚氨酯水泥加固层与混凝土之间没有滑移，应力和应变连续。

(4) 钢丝绳与聚氨酯水泥协同变形，钢丝绳的应力-应变关系简化为斜直线和二次曲线两段式(图6-1)。

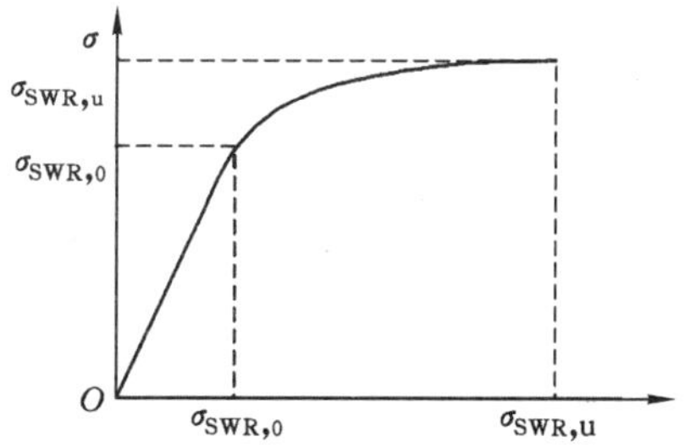

图6-1　钢丝绳应力-应变简化关系曲线

则钢丝绳应力-应变关系为：

$$\sigma_{SWR} = 135\,000\varepsilon_{SWR} \quad (0 \leqslant \varepsilon_{SWR} \leqslant \varepsilon_{SWR,0}) \tag{6-1a}$$

$$\sigma_{SWR} = -792\,035\varepsilon_{SWR}{}^{2} + 37\,248\varepsilon_{SWR} + 805 \quad (S^{2}_{SWR} \leqslant \varepsilon_{SWR} \leqslant \varepsilon_{SWR,u}) \tag{6-1b}$$

式中，$\varepsilon_{SWR,0}$ 取0.007；$\varepsilon_{SWR,u}$ 取0.020。

(5) 为了便于求出解析解，将二次关系式简化为线性关系式，则简化后钢丝绳应力与应变关系式为：

$$\sigma_{SWR}=16\ 389\varepsilon_{SWR}+830\quad(\varepsilon_{SWR,0}\leqslant\varepsilon_{SWR}\leqslant\varepsilon_{SWR,u})\tag{6-1c}$$

（6）对于聚氨酯水泥是将第3章中PUC-1550材料直拉本构关系曲线简化为线性关系式，如图6-2所示。

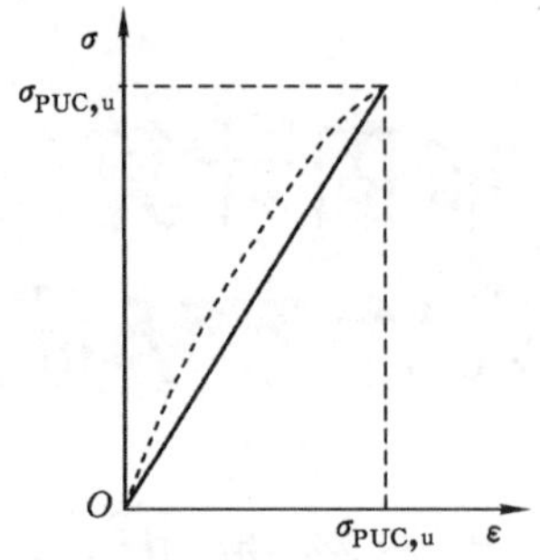

图6-2 PUC应力-应变简化关系曲线

则聚氨酯水泥应力-应变关系式为：

$$\sigma_{PUC}=-365\ 682\varepsilon_{PUC}^{2}+6\ 977\varepsilon_{PUC}+0.50\quad(\varepsilon_{PUC}\leqslant\varepsilon_{PUC,u})\tag{6-2a}$$

式中，$\varepsilon_{PUC,u}=0.007$。

为了便于求解，将聚氨酯水泥应力-应变关系简化为线性关系：

$$\sigma_{PUC}=E_{PUC}\,\varepsilon_{PUC}\quad(\varepsilon_{PUC}\leqslant\varepsilon_{PUC,u})\tag{6-2b}$$

式中，$\varepsilon_{PUC,u}=0.007$；$E_{PUC}=4\ 500$ MPa。

（7）钢筋按照理想状态的弹塑性材料考虑。钢筋的本构关系曲线简化为两段式，忽略材料强化阶段强度的提高，则：

$$\sigma_s=E_s\varepsilon_s\quad(\varepsilon_s\leqslant\varepsilon_y)\tag{6-3a}$$

$$\sigma_s=\sigma_y\quad(\varepsilon_s>\varepsilon_y)\tag{6-3b}$$

（8）混凝土采用上升段和水平段两段曲线，其应力-应变关系式为：

$$\sigma_c=2\sigma_0\left[\left(\frac{\varepsilon_c}{\varepsilon_0}\right)-\left(\frac{\varepsilon_c}{\varepsilon_0}\right)^2\right]\quad(0\leqslant\varepsilon_c\leqslant\varepsilon_0)\tag{6-4a}$$

$$\sigma_c=\sigma_0\quad(\varepsilon_0\leqslant\varepsilon_c\leqslant\varepsilon_{c,u})\tag{6-4b}$$

式中，ε_0 取0.002；$\varepsilon_{c,u}$ 取0.003 33。

将构件受拉主筋的应变设为未知量，将混凝土受压区高度设为未知量，将混凝土边缘的压应变设为已知量。由截面假定可得到关于2个未知量的1个方程，又可根据内力平衡条件得到关于2个未知量的另一个相关方程，将两个方程联立可求出未知量。

对受压区混凝土的压应力积分，可以得到混凝土截面的合压力：

$$F_c=\sigma_0 b\left(\frac{h_c\varepsilon_c}{\varepsilon_0}-\frac{2h_c\varepsilon_c^2}{3\varepsilon_0^2}\right)\quad(\varepsilon_c<\varepsilon_0)\tag{6-5a}$$

$$F_c=\sigma_0 b\left(h_c-\frac{2h_c\varepsilon_0}{3\varepsilon_c}\right)\quad(\varepsilon_c>\varepsilon_0)\tag{6-5b}$$

式中 σ_0——混凝土边缘最大压应力；

b——梁的宽度；

ε_0——混凝土最大压应变；

h_c ——混凝土受压区高度；

ε_c ——给定的混凝土压应变。

计算出受压区合力后，根据平截面假定和静力平衡条件列出如下方程：

$$\begin{cases} F_c = \varepsilon_s E_s A_s + \sigma_{PUC} A_{PUC} + \sigma_{SWR} A_{SWR} + F_p \\ \varepsilon_s = \dfrac{h_0 - h_c}{h_c} \varepsilon_c \end{cases} \tag{6-6}$$

式中　F_p ——钢丝绳的预应力。

当混凝土受压区边缘应变为 0 时，构件截面处于全部受压状态，与上面的方程不符。因此，ε_c 不可以从 0 开始计算。当构件主筋处应变为 0 时，开始计算其受压区边缘混凝土应变值。通过静力平衡可求出该应变值。

由主筋处应变为 0 和内力平衡条件可知受压区高度为 h_0，则：

$$\sigma_0 b\left(\frac{h_c \varepsilon_{c,s}}{\varepsilon_0} - \frac{2h_c \varepsilon_{c,s}^2}{3\varepsilon_0^2}\right) = \varepsilon_s E_s A_s + \sigma_{PUC} A_{PUC} + \sigma_{SWR} A_{SWR} + F_p \tag{6-7a}$$

此时 $\varepsilon_s = 0$，所以有：

$$\sigma_0 b\left(\frac{h_0 \varepsilon_{c,s}}{\varepsilon_0} - \frac{2h_0 \varepsilon_{c,s}^2}{3\varepsilon_0^2}\right) = F_p \tag{6-7b}$$

$$\sigma_0 b(3\varepsilon_0 h_0 \varepsilon_{c,s} - 2h_0 \varepsilon_{c,s}^2) = 3\varepsilon_0^2 F_p \tag{6-7c}$$

$$2\sigma_0 b h_0 \varepsilon_{c,s}^2 - 3\sigma_0 b \varepsilon_0 h_0 \varepsilon_{c,s} + 3\varepsilon_0^2 F_p = 0 \tag{6-7d}$$

$$\varepsilon_{c,s} = \frac{3\sigma_0 b \varepsilon_0 h_0 \pm \sqrt{9\sigma_0^2 b^2 \varepsilon_0^2 h_0^2 - 24\sigma_0 b h_0 \varepsilon_0^2 F_p}}{4\sigma_0 b h_0} \tag{6-7e}$$

式中　$\varepsilon_{c,s}$ ——纵向主筋应变为 0 时受压区混凝土边缘应变。

求解上式，可得：

$$\begin{cases} h_c = \dfrac{-B + \sqrt{B^2 + 4AC}}{2A} \\ \varepsilon_s = \dfrac{2Ah_0 + B - \sqrt{B^2 + 4AC}}{-B + \sqrt{B^2 + 4AC}} \varepsilon_c \end{cases} \quad \left(\varepsilon_c < \varepsilon_0, \varepsilon_s < \frac{f_y}{E_s}, \varepsilon_{SWR} < \varepsilon_{SWR,0}\right) \tag{6-8}$$

式中，

$$A = \sigma_0 b\left(\frac{\varepsilon_c}{\varepsilon_0} - \frac{2\varepsilon_c^2}{3\varepsilon_0^2}\right)$$

$$B = \varepsilon_c E_s A_s + \varepsilon_c E_{PUC} A_{PUC} + \varepsilon_c E_{SWR} A_{SWR} - F_p$$

$$C = (\varepsilon_c E_s A_s + \varepsilon_c E_{PUC} A_{PUC} + \varepsilon_c E_{SWR} A_{SWR}) h_0$$

$$\begin{cases} h_c = \dfrac{-B + \sqrt{B^2 + 4AC}}{2A} \\ \varepsilon_s = \dfrac{2Ah_0 + B - \sqrt{B^2 + 4AC}}{-B + \sqrt{B^2 + 4AC}} \varepsilon_c \end{cases} \quad \left(\varepsilon_c > \varepsilon_0, \varepsilon_s < \frac{f_y}{E_s}, \varepsilon_{SWR} < \varepsilon_{SWR,0}\right) \tag{6-9}$$

式中，

$$A = \sigma_0 b\left(1 - \frac{2\varepsilon_0}{3\varepsilon_c}\right)$$

$$B = \varepsilon_c E_s A_s + \varepsilon_c E_{PUC} A_{PUC} + \varepsilon_c E_{SWR} A_{SWR} - F_p$$

$$C = (\varepsilon_c E_s A_s + \varepsilon_c E_{PUC} A_{PUC} + \varepsilon_c E_{SWR} A_{SWR}) h_0$$

$$\begin{cases} h_c = \dfrac{-B+\sqrt{B^2+4AC}}{2A} \\ \varepsilon_s = \dfrac{2Ah_0+B-\sqrt{B^2+4AC}}{-B+\sqrt{B^2+4AC}}\varepsilon_c \end{cases} \quad (\varepsilon_c < \varepsilon_0, \varepsilon_s > \frac{f_y}{E_s}, \varepsilon_{SWR} > \varepsilon_{SWR,0}) \tag{6-10}$$

式中，

$$A = \sigma_0 b(\frac{\varepsilon_c}{\varepsilon_0} - \frac{2\varepsilon_c^2}{3\varepsilon_0^2})$$

$$B = -f_y A_s + \varepsilon_c E_{PUC} A_{PUC} + a\varepsilon_c A_{SWR} - bA_{SWR} - F_p$$

$$C = (\varepsilon_c E_{PUC} A_{PUC} + a\varepsilon_c A_{SWR})h_0$$

$$a = 16\ 389$$

$$b = 830$$

$$\begin{cases} h_c = \dfrac{-B+\sqrt{B^2+4AC}}{2A} \\ \varepsilon_s = \dfrac{2Ah_0+B-\sqrt{B^2+4AC}}{-B+\sqrt{B^2+4AC}}\varepsilon_c \end{cases} \quad (\varepsilon_c > \varepsilon_0, \varepsilon_s > \frac{f_y}{E_s}, \varepsilon_{SWR} > \varepsilon_{SWR,0}) \tag{6-11}$$

式中，

$$A = \sigma_0 b(1 - \frac{2\varepsilon_0}{3\varepsilon_c})$$

$$B = -f_y A_s + \varepsilon_c E_{PUC} A_{PUC} + a\varepsilon_c A_{SWR} - bA_{SWR} - F_p$$

$$C = (\varepsilon_c E_{PUC} A_{PUC} + a\varepsilon_c A_{SWR})h_0$$

$$a = 16\ 389$$

$$b = 830$$

$$\begin{cases} h_c = \dfrac{-B+\sqrt{B^2+4AC}}{2A} \\ \varepsilon_s = \dfrac{2Ah_0+B-\sqrt{B^2+4AC}}{-B+\sqrt{B^2+4AC}}\varepsilon_c \end{cases} \quad (\varepsilon_c < \varepsilon_0, \varepsilon_s < \frac{f_y}{E_s}, \varepsilon_{SWR} > \varepsilon_{SWR,0}) \tag{6-12}$$

式中，

$$A = \sigma_0 b(\frac{\varepsilon_c}{\varepsilon_0} - \frac{2\varepsilon_c^2}{3\varepsilon_0^2})$$

$$B = \varepsilon_c E_s A_s + \varepsilon_c E_{PUC} A_{PUC} + a\varepsilon_c A_{SWR} - bA_{SWR} - F_p$$

$$C = (\varepsilon_c E_s A_s + \varepsilon_c E_{PUC} A_{PUC} + a\varepsilon_c A_{SWR})h_0$$

$$a = 16\ 389$$

$$b = 830$$

$$\begin{cases} h_c = \dfrac{-B+\sqrt{B^2+4AC}}{2A} \\ \varepsilon_s = \dfrac{2Ah_0+B-\sqrt{B^2+4AC}}{-B+\sqrt{B^2+4AC}}\varepsilon_c \end{cases} \quad (\varepsilon_c > \varepsilon_0, \varepsilon_s < \frac{f_y}{E_s}, \varepsilon_{SWR} > \varepsilon_{SWR,0}) \tag{6-13}$$

式中，

$$A = \sigma_0 b(1 - \frac{2\varepsilon_0}{3\varepsilon_c})$$

$$B=\varepsilon_c E_s A_s+\varepsilon_c E_{PUC}A_{PUC}+a\varepsilon_c A_{SWR}-bA_{SWR}-F_p$$

$$C=(\varepsilon_c E_s A_s+\varepsilon_c E_{PUC}A_{PUC}+a\varepsilon_c A_{SWR})h_0$$

$$a=16\ 389$$

$$b=830$$

$$\begin{cases} h_c=\dfrac{-B+\sqrt{B^2+4AC}}{2A} \\ \varepsilon_s=\dfrac{2Ah_0+B-\sqrt{B^2+4AC}}{-B+\sqrt{B^2+4AC}}\varepsilon_c \end{cases} \quad (\varepsilon_c<\varepsilon_0,\varepsilon_s>\frac{f_y}{E_s},\varepsilon_{SWR}<\varepsilon_{SWR,0}) \tag{6-14}$$

式中，

$$A=\sigma_0 b(\frac{\varepsilon_c}{\varepsilon_0}-\frac{2\varepsilon_c^2}{3\varepsilon_0^2})$$

$$B=-f_y A_s+\varepsilon_c E_{PUC}A_{PUC}+\varepsilon_c E_{SWR}A_{SWR}-F_p$$

$$C=(\varepsilon_c E_{PUC}A_{PUC}+\varepsilon_c E_{SWR}A_{SWR})h_0$$

$$\begin{cases} h_c=\dfrac{-B+\sqrt{B^2+4AC}}{2A} \\ \varepsilon_s=\dfrac{2Ah_0+B-\sqrt{B^2+4AC}}{-B+\sqrt{B^2+4AC}}\varepsilon_c \end{cases} \quad (\varepsilon_c>\varepsilon_0,\varepsilon_s>\frac{f_y}{E_s},\varepsilon_{SWR}<\varepsilon_{SWR,0}) \tag{6-15}$$

式中，

$$A=\sigma_0 b(1-\frac{2\varepsilon_0}{3\varepsilon_c})$$

$$B=-f_y A_s+\varepsilon_c E_{PUC}A_{PUC}+\varepsilon_c E_{SWR}A_{SWR}-F_p$$

$$C=(\varepsilon_c E_{PUC}A_{PUC}+\varepsilon_c E_{SWR}A_{SWR})h_0$$

根据构件受压区边缘的混凝土压应变数值，采用上述解析式能够确定聚氨酯水泥-预应力钢丝绳加固试件整个加载过程的挠度-荷载关系。

6.1.2 加固T形截面受弯构件的非线性分析

T形截面受弯构件与矩形构件有所不同，受压区由于翼缘的存在，在进行截面分析时必须判断受压区高度与翼缘高度之间的关系。如果受压区高度小于翼缘高度，则截面分析时与截面宽度相同的矩形截面相同；如果受压区高度大于翼缘高度，则截面分析时必须考虑腹板提供的抗压贡献。

6.1.3 截面分析

本节对T形截面受弯构件的截面分析与矩形截面类似，同样以截面内力平衡和平截面假定为基础。受压区高度大于或者小于翼缘高度决定是否考虑腹板的抗压贡献。定义 h_c 为受压区高度，h 为截面高度，h_f 为翼缘板高度，b_f 为翼缘板宽度。

当 h_c 小于 h_f 时，可以将T形截面视为截面宽度为 b_f、高度为 h 的矩形截面进行分析计算，如图6-3所示。

当 h_c 大于 h_f 时，可以将T形截面看成截面宽度为 b_f、高度为 h 的矩形截面与截面宽度为 b_f-b、高度为 h_c-h_f 的矩形截面之差，如图6-3所示。

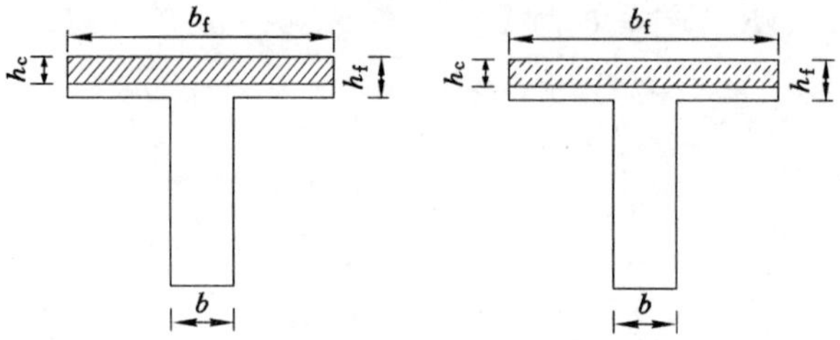

(a) 受压区高度小于翼缘高度的等效转换

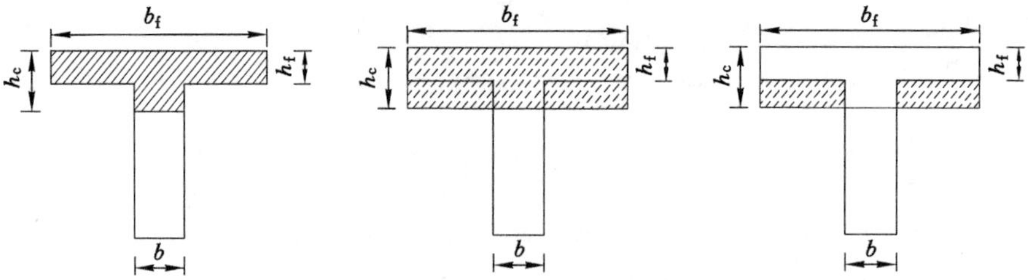

(b) 受压区高度大于翼缘高度的等效转换

图 6-3 T 形结构截面分析

根据前述推导公式，受压混凝土边缘纤维应变 ε_c 大于和小于峰值应力点应变时，受压混凝土的合压力求解计算有所不同，则计算 $(b_f-b)\times(h_c-h_f)$ 截面的合压力时必须计算出翼缘板根部高度，即 $h-h_f$ 的混凝土压应变。

由截面内力平衡可以得到：

$$F_c = F_s + F_{PUC} + F_{SWR} \tag{6-16}$$

其中，$h_c \leqslant h_f$ 时，$F_c = F_c(b_f, h_c, \varepsilon_c)$，根据式(6-5)可以求出受压混凝土的合压力。$h_c > h_f$ 时，$F_c = F_{c1}(b_f, h_c, \varepsilon_c) - F_{c2}(b_f - b, h_c - h_f, \varepsilon'_c)$，其中 ε'_c 为翼缘板根部的混凝土压应变，也是 $(b_f - b)\times(h_c - h_f)$ 截面的边缘纤维应变。

$$F_s = \begin{cases} \varepsilon_s E_s A_s & (\varepsilon_s < \dfrac{f_y}{E_s}) \\ f_y A_s & (\varepsilon_s \geqslant \dfrac{f_y}{E_s}) \end{cases} \tag{6-17a}$$

$$F_{PUC} = \varepsilon_{PUC} E_{PUC} A_{PUC} \tag{6-17b}$$

$$F_{SWR} = \begin{cases} \varepsilon_{SWR} E_{SWR} A_{SWR} & (\varepsilon_{SWR} \leqslant \varepsilon_{SWR,0}) \\ (a\varepsilon_{SWR} + b) A_{SWR} & (\varepsilon_{SWR} > \varepsilon_{SWR,0}) \end{cases} \tag{6-17c}$$

引入平截面假定，则有：

$$\varepsilon_s = \frac{h_0 - h_c}{h_c}\varepsilon_c \tag{6-18a}$$

$$\varepsilon'_c = \frac{h_c - h_f}{h_c}\varepsilon_c \tag{6-18b}$$

$$\varepsilon_{PUC} = \frac{h - h_c}{h_c}\varepsilon_c \tag{6-18c}$$

$$\varepsilon_{SWR} = \frac{h - h_c}{h_c}\varepsilon_c \tag{6-18d}$$

将式(6-18)代入式(6-17)可求解出 h_c，结果如下。

当 $h_c > h_f, \varepsilon_c > \varepsilon_0, \varepsilon'_c > \varepsilon_0, \varepsilon_s \geqslant \frac{f_y}{E_s}, \varepsilon_{SWR} < \varepsilon_{SWR,0}$ 时：

$$h_c = \frac{-B + \sqrt{B^2 + 4AC}}{2A} \tag{6-19}$$

式中，

$$A = \sigma_0 b_f (1 - \frac{2\varepsilon_0}{3\varepsilon_c}) - \sigma_0 (b_f - b)(1 - \frac{2\varepsilon_0}{3\varepsilon_c})$$

$$B = \sigma_0 (b_f - b) h_f - f_y A_s + \varepsilon_c E_{PUC} A_{PUC} + \varepsilon_c E_{SWR} A_{SWR} - F_p$$

$$C = \varepsilon_c E_{PUC} A_{PUC} h + \varepsilon_c E_{SWR} A_{SWR} h$$

当 $h_c > h_f, \varepsilon_c > \varepsilon_0, \varepsilon'_c > \varepsilon_0, \varepsilon_s < \frac{f_y}{E_s}, \varepsilon_{SWR} < \varepsilon_{SWR,0}$ 时：

$$h_c = \frac{-B + \sqrt{B^2 + 4AC}}{2A} \tag{6-20}$$

式中，

$$A = \sigma_0 b_f (1 - \frac{2\varepsilon_0}{3\varepsilon_c}) - \sigma_0 (b_f - b)(1 - \frac{2\varepsilon_0}{3\varepsilon_c})$$

$$B = \sigma_0 (b_f - b) h_f - \varepsilon_c E_s A_s + \varepsilon_c E_{PUC} A_{PUC} + \varepsilon_c E_{SWR} A_{SWR} - F_p$$

$$C = \varepsilon_c E_s A_s h_0 + \varepsilon_c E_{PUC} A_{PUC} h + \varepsilon_c E_{SWR} A_{SWR} h$$

当 $h_c > h_f, \varepsilon_c > \varepsilon_0, \varepsilon'_c \leqslant \varepsilon_0, \varepsilon_s > \frac{f_y}{E_s}, \varepsilon_{SWR} < \varepsilon_{SWR,0}$ 时：

$$h_c = \sqrt[3]{-\frac{Q}{2} + \sqrt{(\frac{Q}{2})^2 + (\frac{P}{2})^3}} + \sqrt[3]{-\frac{Q}{2} - \sqrt{(\frac{Q}{2})^2 + (\frac{P}{2})^3}} \tag{6-21}$$

$$P = \frac{C}{A} - \frac{B^2}{3A^2}$$

$$Q = \frac{2B^3}{27A^3} - \frac{BC}{3A^2} + \frac{D}{A}$$

式中，

$$A = \sigma_0 b_f (1 - \frac{2\varepsilon_0}{3\varepsilon_c}) - \frac{\sigma_0 (b_f - b)\varepsilon_c}{\varepsilon_0} + \frac{2\sigma_0 (b_f - b)\varepsilon_c^2}{3\varepsilon_0^2}$$

$$B = \frac{2\sigma_0 (b_f - b)\varepsilon_c h_f}{\varepsilon_0} - \frac{2\varepsilon_c^2 \sigma_0 (b_f - b) h_f}{\varepsilon_0^2} - f_y A_s + \varepsilon_c E_{PUC} A_{PUC} + \varepsilon_c E_{SWR} A_{SWR} - F_p$$

$$C = \frac{2\sigma_0 (b_f - b)\varepsilon_c^2 h_f^2}{\varepsilon_0^2} - \frac{\sigma_0 (b_f - b)\varepsilon_c h_f^2}{\varepsilon_0} - h\varepsilon_c E_{PUC} A_{PUC} - h\varepsilon_c E_{SWR} A_{SWR}$$

$$D = -\frac{2\sigma_0 (b_f - b)\varepsilon_c^2 h_f^3}{3\varepsilon_0^2}$$

当 $h_c > h_f, \varepsilon_c > \varepsilon_0, \varepsilon'_c \leqslant \varepsilon_0, \varepsilon_s < \frac{f_y}{E_s}, \varepsilon_{SWR} < \varepsilon_{SWR,0}$ 时：

$$h_c = \sqrt[3]{-\frac{Q}{2} + \sqrt{(\frac{Q}{2})^2 + (\frac{P}{2})^3}} + \sqrt[3]{-\frac{Q}{2} - \sqrt{(\frac{Q}{2})^2 + (\frac{P}{2})^3}} \tag{6-22}$$

$$P = \frac{C}{A} - \frac{B^2}{3A^2}$$

$$Q = \frac{2B^3}{27A^3} - \frac{BC}{3A^2} + \frac{D}{A}$$

式中，

$$A = \sigma_0 b_f (1 - \frac{2\varepsilon_0}{3\varepsilon_c}) - \frac{\sigma_0 (b_f - b)\varepsilon_c}{\varepsilon_0} + \frac{2\sigma_0 (b_f - b)\varepsilon_c^2}{3\varepsilon_0^2}$$

$$B = \frac{2\sigma_0 (b_f - b)\varepsilon_c h_f}{\varepsilon_0} - \frac{2\varepsilon_c^2 \sigma_0 (b_f - b) h_f}{\varepsilon_0^2} + \varepsilon_c E_s A_s + \varepsilon_c E_{PUC} A_{PUC} + \varepsilon_c E_{SWR} A_{SWR} - F_p$$

$$C = \frac{2\sigma_0 (b_f - b)\varepsilon_c^2 h_f^2}{\varepsilon_0^2} - \frac{\sigma_0 (b_f - b)\varepsilon_c h_f^2}{\varepsilon_0} - h_0 \varepsilon_c E_s A_s - h\varepsilon_c E_{PUC} A_{PUC} - h\varepsilon_c E_{SWR} A_{SWR}$$

$$D = -\frac{2\sigma_0 (b_f - b)\varepsilon_c^2 h_f^3}{3\varepsilon_0^2}$$

当 $h_c > h_f, \varepsilon_c < \varepsilon_0, \varepsilon'_c \leqslant \varepsilon_0, \varepsilon_s > \frac{f_y}{E_s}, \varepsilon_{SWR} < \varepsilon_{SWR,0}$ 时：

$$h_c = \sqrt[3]{-\frac{Q}{2} + \sqrt{(\frac{Q}{2})^2 + (\frac{P}{2})^3}} + \sqrt[3]{-\frac{Q}{2} - \sqrt{(\frac{Q}{2})^2 + (\frac{P}{2})^3}} \tag{6-23}$$

$$P = \frac{C}{A} - \frac{B^2}{3A^2}$$

$$Q = \frac{2B^3}{27A^3} - \frac{BC}{3A^2} + \frac{D}{A}$$

式中，

$$A = \sigma_0 b_f (\frac{\varepsilon_c}{\varepsilon_0} - \frac{2\varepsilon_c^2}{3\varepsilon_0^2}) - \frac{\sigma_0 (b_f - b)\varepsilon_c}{\varepsilon_0} + \frac{2\sigma_0 (b_f - b)\varepsilon_c^2}{3\varepsilon_0^2}$$

$$B = \frac{2\sigma_0 (b_f - b)\varepsilon_c h_f}{\varepsilon_0} - \frac{2\varepsilon_c^2 \sigma_0 (b_f - b) h_f}{\varepsilon_0^2} - f_y A_s + \varepsilon_c E_{PUC} A_{PUC} + \varepsilon_c E_{SWR} A_{SWR} - F_p$$

$$C = \frac{2\sigma_0 (b_f - b)\varepsilon_c^2 h_f^2}{\varepsilon_0^2} - \frac{\sigma_0 (b_f - b)\varepsilon_c h_f^2}{\varepsilon_0} - h\varepsilon_c E_{PUC} A_{PUC} - h\varepsilon_c E_{SWR} A_{SWR}$$

$$D = -\frac{2\sigma_0 (b_f - b)\varepsilon_c^2 h_f^3}{3\varepsilon_0^2}$$

当 $h_c > h_f, \varepsilon_c < \varepsilon_0, \varepsilon'_c \leqslant \varepsilon_0, \varepsilon_s < \frac{f_y}{E_s}, \varepsilon_{SWR} < \varepsilon_{SWR,0}$ 时：

$$h_c = \sqrt[3]{-\frac{Q}{2} + \sqrt{(\frac{Q}{2})^2 + (\frac{P}{2})^3}} + \sqrt[3]{-\frac{Q}{2} - \sqrt{(\frac{Q}{2})^2 + (\frac{P}{2})^3}} \tag{6-24}$$

$$P = \frac{C}{A} - \frac{B^2}{3A^2}$$

$$Q = \frac{2B^3}{27A^3} - \frac{BC}{3A^2} + \frac{D}{A}$$

式中，

$$A = \sigma_0 b_f (\frac{\varepsilon_c}{\varepsilon_0} - \frac{2\varepsilon_c^2}{3\varepsilon_0^2}) - \frac{\sigma_0 (b_f - b)\varepsilon_c}{\varepsilon_0} + \frac{2\sigma_0 (b_f - b)\varepsilon_c^2}{3\varepsilon_0^2}$$

$$B = \frac{2\sigma_0 (b_f - b)\varepsilon_c h_f}{\varepsilon_0} - \frac{2\varepsilon_c^2 \sigma_0 (b_f - b) h_f}{\varepsilon_0^2} + \varepsilon_c E_s A_s + \varepsilon_c E_{PUC} A_{PUC} + \varepsilon_c E_{SWR} A_{SWR} - F_p$$

$$C = \frac{2\sigma_0 (b_f - b)\varepsilon_c^2 h_f^2}{\varepsilon_0^2} - \frac{\sigma_0 (b_f - b)\varepsilon_c h_f^2}{\varepsilon_0} - h\varepsilon_c E_{PUC} A_{PUC} - h\varepsilon_c E_{SWR} A_{SWR} - h_0 \varepsilon_c E_s A_s$$

$$D=-\frac{2\sigma_0(b_f-b)\varepsilon_c^2h_f^3}{3\varepsilon_0^2}$$

当 $h_c>h_f,\varepsilon_c>\varepsilon_0,\varepsilon'_c>\varepsilon_0,\varepsilon_s\geqslant\dfrac{f_y}{E_s},\varepsilon_{SWR}\geqslant\varepsilon_{SWR,0}$ 时：

$$h_c=\frac{-B+\sqrt{B^2+4AC}}{2A} \tag{6-25}$$

式中，

$$A=\sigma_0b_f(1-\frac{2\varepsilon_0}{3\varepsilon_c})-\sigma_0(b_f-b)(1-\frac{2\varepsilon_0}{3\varepsilon_c})$$

$$B=\sigma_0(b_f-b)h_f-f_yA_s+\varepsilon_cE_{PUC}A_{PUC}+a\varepsilon_cA_{SWR}-bA_{SWR}-F_p$$

$$C=\varepsilon_cE_{PUC}A_{PUC}h+a\varepsilon_cA_{SWR}h$$

$$a=16\ 389$$

$$b=830$$

当 $h_c>h_f,\varepsilon_c>\varepsilon_0,\varepsilon'_c>\varepsilon_0,\varepsilon_s<\dfrac{f_y}{E_s},\varepsilon_{SWR}>\varepsilon_{SWR,0}$ 时：

$$h_c=\frac{-B+\sqrt{B^2+4AC}}{2A} \tag{6-26}$$

式中，

$$A=\sigma_0b_f(1-\frac{2\varepsilon_0}{3\varepsilon_c})-\sigma_0(b_f-b)(1-\frac{2\varepsilon_0}{3\varepsilon_c})$$

$$B=\sigma_0(b_f-b)h_f-\varepsilon_cE_sA_s+\varepsilon_cE_{PUC}A_{PUC}+a\varepsilon_cA_{SWR}-bA_{SWR}-F_p$$

$$C=\varepsilon_cE_sA_sh_0+\varepsilon_cE_{PUC}A_{PUC}h+a\varepsilon_cA_{SWR}h$$

$$a=16\ 389$$

$$b=830$$

当 $h_c>h_f,\varepsilon_c>\varepsilon_0,\varepsilon'_c\leqslant\varepsilon_0,\varepsilon_s>\dfrac{f_y}{E_s},\varepsilon_{SWR}>\varepsilon_{SWR,0}$ 时：

$$h_c=\sqrt[3]{-\frac{Q}{2}+\sqrt{(\frac{Q}{2})^2+(\frac{P}{2})^3}}+\sqrt[3]{-\frac{Q}{2}-\sqrt{(\frac{Q}{2})^2+(\frac{P}{2})^3}} \tag{6-27}$$

$$P=\frac{C}{A}-\frac{B^2}{3A^2}$$

$$Q=\frac{2B^3}{27A^3}-\frac{BC}{3A^2}+\frac{D}{A}$$

式中，

$$A=\sigma_0b_f(1-\frac{2\varepsilon_0}{3\varepsilon_c})-\frac{\sigma_0(b_f-b)\varepsilon_c}{\varepsilon_0}+\frac{2\sigma_0(b_f-b)\varepsilon_c^2}{3\varepsilon_0^2}$$

$$B=\frac{2\sigma_0(b_f-b)\varepsilon_ch_f}{\varepsilon_0}-\frac{2\varepsilon_c^2\sigma_0(b_f-b)h_f}{\varepsilon_0^2}-f_yA_s+\varepsilon_cE_{PUC}A_{PUC}+a\varepsilon_cA_{SWR}-bA_{SWR}-F_p$$

$$C=\frac{2\sigma_0(b_f-b)\varepsilon_c^2h_f^2}{\varepsilon_0^2}-\frac{\sigma_0(b_f-b)\varepsilon_ch_f^2}{\varepsilon_0}-h\varepsilon_cE_{PUC}A_{PUC}-ah\varepsilon_cA_{SWR}$$

$$D=-\frac{2\sigma_0(b_f-b)\varepsilon_c^2h_f^3}{3\varepsilon_0^2}$$

$$a=16\ 389$$

$$b = 830$$

当 $h_c > h_f, \varepsilon_c > \varepsilon_0, \varepsilon'_c \leqslant \varepsilon_0, \varepsilon_s < \frac{f_y}{E_s}, \varepsilon_{SWR} > \varepsilon_{SWR,0}$ 时：

$$h_c = \sqrt[3]{-\frac{Q}{2} + \sqrt{(\frac{Q}{2})^2 + (\frac{P}{2})^3}} + \sqrt[3]{-\frac{Q}{2} - \sqrt{(\frac{Q}{2})^2 + (\frac{P}{2})^3}} \tag{6-28}$$

$$P = \frac{C}{A} - \frac{B^2}{3A^2}$$

$$Q = \frac{2B^3}{27A^3} - \frac{BC}{3A^2} + \frac{D}{A}$$

式中，

$$A = \sigma_0 b_f (1 - \frac{2\varepsilon_0}{3\varepsilon_c}) - \frac{\sigma_0 (b_f - b)\varepsilon_c}{\varepsilon_0} + \frac{2\sigma_0 (b_f - b)\varepsilon_c^2}{3\varepsilon_0^2}$$

$$B = \frac{2\sigma_0 (b_f - b)\varepsilon_c h_f}{\varepsilon_0} - \frac{2\varepsilon_c^2 \sigma_0 (b_f - b) h_f}{\varepsilon_0^2} + \varepsilon_c E_s A_s + \varepsilon_c E_{PUC} A_{PUC} + a\varepsilon_c A_{SWR} - bA_{SWR} - F_p$$

$$C = \frac{2\sigma_0 (b_f - b)\varepsilon_c^2 h_f^2}{\varepsilon_0^2} - \frac{\sigma_0 (b_f - b)\varepsilon_c h_f^2}{\varepsilon_0} - h_0 \varepsilon_c E_s A_s - h\varepsilon_c E_{PUC} A_{PUC} - ah\varepsilon_c A_{SWR}$$

$$D = -\frac{2\sigma_0 (b_f - b)\varepsilon_c^2 h_f^3}{3\varepsilon_0^2}$$

$$a = 16\ 389$$

$$b = 830$$

当 $h_c > h_f, \varepsilon_c < \varepsilon_0, \varepsilon'_c \leqslant \varepsilon_0, \varepsilon_s > \frac{f_y}{E_s}, \varepsilon_{SWR} > \varepsilon_{SWR,0}$ 时：

$$h_c = \sqrt[3]{-\frac{Q}{2} + \sqrt{(\frac{Q}{2})^2 + (\frac{P}{2})^3}} + \sqrt[3]{-\frac{Q}{2} - \sqrt{(\frac{Q}{2})^2 + (\frac{P}{2})^3}} \tag{6-29}$$

$$P = \frac{C}{A} - \frac{B^2}{3A^2}$$

$$Q = \frac{2B^3}{27A^3} - \frac{BC}{3A^2} + \frac{D}{A}$$

式中，

$$A = \sigma_0 b_f (\frac{\varepsilon_c}{\varepsilon_0} - \frac{2\varepsilon_c^2}{3\varepsilon_0^2}) - \frac{\sigma_0 (b_f - b)\varepsilon_c}{\varepsilon_0} + \frac{2\sigma_0 (b_f - b)\varepsilon_c^2}{3\varepsilon_0^2}$$

$$B = \frac{2\sigma_0 (b_f - b)\varepsilon_c h_f}{\varepsilon_0} - \frac{2\varepsilon_c^2 \sigma_0 (b_f - b) h_f}{\varepsilon_0^2} - f_y A_s + \varepsilon_c E_{PUC} A_{PUC} + a\varepsilon_c A_{SWR} - bA_{SWR} - F_p$$

$$C = \frac{2\sigma_0 (b_f - b)\varepsilon_c^2 h_f^2}{\varepsilon_0^2} - \frac{\sigma_0 (b_f - b)\varepsilon_c h_f^2}{\varepsilon_0} - h\varepsilon_c E_{PUC} A_{PUC} - ah\varepsilon_c A_{SWR}$$

$$D = -\frac{2\sigma_0 (b_f - b)\varepsilon_c^2 h_f^3}{3\varepsilon_0^2}$$

$$a = 16\ 389$$

$$b = 830$$

当 $h_c > h_f, \varepsilon_c < \varepsilon_0, \varepsilon'_c \leqslant \varepsilon_0, \varepsilon_s < \frac{f_y}{E_s}, \varepsilon_{SWR} > \varepsilon_{SWR,0}$ 时：

$$h_c = \sqrt[3]{-\frac{Q}{2}+\sqrt{(\frac{Q}{2})^2+(\frac{P}{2})^3}}+\sqrt[3]{-\frac{Q}{2}-\sqrt{(\frac{Q}{2})^2+(\frac{P}{2})^3}} \tag{6-30}$$

$$P = \frac{C}{A}-\frac{B^2}{3A^2}$$

$$Q = \frac{2B^3}{27A^3}-\frac{BC}{3A^2}+\frac{D}{A}$$

式中，

$$A = \sigma_0 b_f(\frac{\varepsilon_c}{\varepsilon_0}-\frac{2\varepsilon_c^2}{3\varepsilon_0^2})-\frac{\sigma_0(b_f-b)\varepsilon_c}{\varepsilon_0}+\frac{2\sigma_0(b_f-b)\varepsilon_c^2}{3\varepsilon_0^2}$$

$$B = \frac{2\sigma_0(b_f-b)\varepsilon_c h_f}{\varepsilon_0}-\frac{2\varepsilon_c^2\sigma_0(b_f-b)h_f}{\varepsilon_0^2}+\varepsilon_c E_s A_s+\varepsilon_c E_{PUC}A_{PUC}+a\varepsilon_c A_{SWR}-bA_{SWR}-F_p$$

$$C = \frac{2\sigma_0(b_f-b)\varepsilon_c^2 h_f^2}{\varepsilon_0^2}-\frac{\sigma_0(b_f-b)\varepsilon_c h_f^2}{\varepsilon_0}-h\varepsilon_c E_{PUC}A_{PUC}-ah\varepsilon_c A_{SWR}-h_0\varepsilon_c E_s A_s$$

$$D = -\frac{2\sigma_0(b_f-b)\varepsilon_c^2 h_f^3}{3\varepsilon_0^2}$$

$$a = 16\ 389$$

$$b = 830$$

当 $h_c \leqslant h_f, \varepsilon_c > \varepsilon_0, \varepsilon_s \geqslant \frac{f_y}{E_s}, \varepsilon_{SWR} < \varepsilon_{SWR,0}$ 时：

$$h_c = \frac{-B+\sqrt{B^2+4AC}}{2A} \tag{6-31}$$

式中，

$$A = \sigma_0 b_f(1-\frac{2\varepsilon_0}{3\varepsilon_c})$$

$$B = -f_y A_s+\varepsilon_c E_{PUC}A_{PUC}+\varepsilon_c E_{SWR}A_{SWR}-F_p$$

$$C = \varepsilon_c E_{PUC}A_{PUC}h+\varepsilon_c E_{SWR}A_{SWR}h$$

当 $h_c \leqslant h_f, \varepsilon_c > \varepsilon_0, \varepsilon_s < \frac{f_y}{E_s}, \varepsilon_{SWR} < \varepsilon_{SWR,0}$ 时：

$$h_c = \frac{-B+\sqrt{B^2+4AC}}{2A} \tag{6-32}$$

式中，

$$A = \sigma_0 b_f(1-\frac{2\varepsilon_0}{3\varepsilon_c})$$

$$B = \varepsilon_c E_s A_s+\varepsilon_c E_{PUC}A_{PUC}+\varepsilon_c E_{SWR}A_{SWR}-F_p$$

$$C = \varepsilon_c E_s A_s h_0+\varepsilon_c E_{PUC}A_{PUC}h+\varepsilon_c E_{SWR}A_{SWR}h$$

当 $h_c \leqslant h_f, \varepsilon_c \leqslant \varepsilon_0, \varepsilon_s > \frac{f_y}{E_s}, \varepsilon_{SWR} < \varepsilon_{SWR,0}$ 时：

$$h_c = \frac{-B+\sqrt{B^2+4AC}}{2A} \tag{6-33}$$

式中，

$$A = \sigma_0 b_f(\frac{\varepsilon_c}{\varepsilon_0}-\frac{2\varepsilon_c^2}{3\varepsilon_0^2})$$

$$B = -f_y A_s + \varepsilon_c E_{PUC} A_{PUC} + \varepsilon_c E_{SWR} A_{SWR} - F_p$$

$$C = h\varepsilon_c E_{PUC} A_{PUC} + h\varepsilon_c E_{SWR} A_{SWR}$$

当 $h_c \leqslant h_f, \varepsilon_c \leqslant \varepsilon_0, \varepsilon_s < \frac{f_y}{E_s}, \varepsilon_{SWR} < \varepsilon_{SWR,0}$ 时：

$$h_c = \frac{-B + \sqrt{B^2 + 4AC}}{2A} \tag{6-34}$$

式中，

$$A = \sigma_0 b_f (\frac{\varepsilon_c}{\varepsilon_0} - \frac{2\varepsilon_c^2}{3\varepsilon_0^2})$$

$$B = \varepsilon_c E_s A_s + \varepsilon_c E_{PUC} A_{PUC} + \varepsilon_c E_{SWR} A_{SWR} - F_p$$

$$C = h_0 \varepsilon_c E_s A_s + h\varepsilon_c E_{PUC} A_{PUC} + h\varepsilon_c E_{SWR} A_{SWR}$$

当 $h_c \leqslant h_f, \varepsilon_c > \varepsilon_0, \varepsilon_s \geqslant \frac{f_y}{E_s}, \varepsilon_{SWR} \geqslant \varepsilon_{SWR,0}$ 时：

$$h_c = \frac{-B + \sqrt{B^2 + 4AC}}{2A} \tag{6-35}$$

式中，

$$A = \sigma_0 b_f (1 - \frac{2\varepsilon_0}{3\varepsilon_c})$$

$$B = -f_y A_s + \varepsilon_c E_{PUC} A_{PUC} + a\varepsilon_c A_{SWR} - bA_{SWR} - F_p$$

$$C = h\varepsilon_c E_{PUC} A_{PUC} + ah\varepsilon_c A_{SWR}$$

$$a = 16\ 389$$

$$b = 830$$

当 $h_c \leqslant h_f, \varepsilon_c > \varepsilon_0, \varepsilon_s < \frac{f_y}{E_s}, \varepsilon_{SWR} \geqslant \varepsilon_{SWR,0}$ 时：

$$h_c = \frac{-B + \sqrt{B^2 + 4AC}}{2A} \tag{6-36}$$

式中，

$$A = \sigma_0 b_f (1 - \frac{2\varepsilon_0}{3\varepsilon_c})$$

$$B = \varepsilon_c E_s A_s + \varepsilon_c E_{PUC} A_{PUC} + a\varepsilon_c A_{SWR} - bA_{SWR} - F_p$$

$$C = h_0 \varepsilon_c E_s A_s + h\varepsilon_c E_{PUC} A_{PUC} + ah\varepsilon_c A_{SWR}$$

$$a = 16\ 389$$

$$b = 830$$

当 $h_c \leqslant h_f, \varepsilon_c \leqslant \varepsilon_0, \varepsilon_s > \frac{f_y}{E_s}, \varepsilon_{SWR} \geqslant \varepsilon_{SWR,0}$ 时：

$$h_c = \frac{-B + \sqrt{B^2 + 4AC}}{2A} \tag{6-37}$$

式中，

$$A = \sigma_0 b_f (\frac{\varepsilon_c}{\varepsilon_0} - \frac{2\varepsilon_c^2}{3\varepsilon_0^2})$$

$$B = -f_y A_s + \varepsilon_c E_{PUC} A_{PUC} + a\varepsilon_c A_{SWR} - bA_{SWR} - F_p$$

$$C = h\varepsilon_c E_{PUC} A_{PUC} + ah\varepsilon_c A_{SWR}$$

$$a = 16\ 389$$

$$b = 830$$

当 $h_c \leqslant h_f, \varepsilon_c \leqslant \varepsilon_0, \varepsilon_s < \frac{f_y}{E_s}, \varepsilon_{SWR} \geqslant \varepsilon_{SWR,0}$ 时：

$$h_c = \frac{-B + \sqrt{B^2 + 4AC}}{2A} \tag{6-38}$$

式中，

$$A = \sigma_0 b_f \left(\frac{\varepsilon_c}{\varepsilon_0} - \frac{2\varepsilon_c^2}{3\varepsilon_0^2}\right)$$

$$C = h_0 \varepsilon_c E_s A_s + h\varepsilon_c E_{PUC} A_{PUC} + ah\varepsilon_c A_{SWR}$$

$$a = 16\ 389$$

$$b = 830$$

将计算公式所得结果与第 3 章静载试验所得试验结果进行对比，绘制荷载-挠度、荷载-PUC 应变、荷载-钢筋应变和荷载-混凝土压应变关系曲线对比图，选取 A_5 梁和 A_8 梁进行对比分析，结果如图 6-4 和图 6-5 所示。

由图 6-4 和图 6-5 可以看出：2 根加固梁理论分析结果与试验加载测试结果吻合良好，表明以传统的平截面假定为基础的力学模型可以较好地预测加固构件的工作性能。

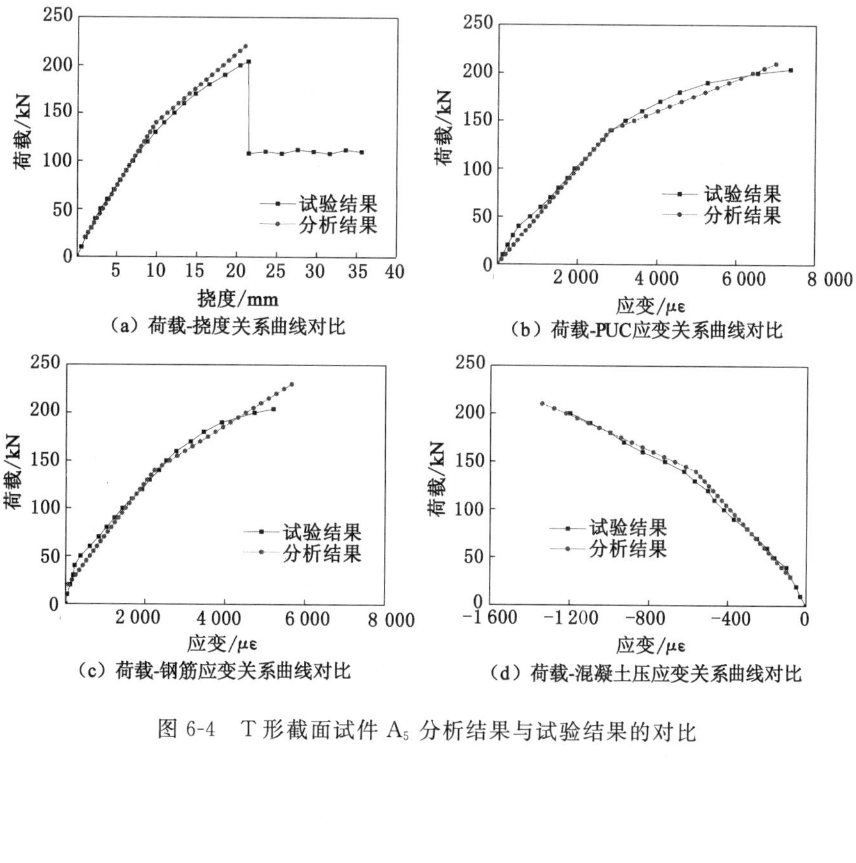

图 6-4 T 形截面试件 A_5 分析结果与试验结果的对比

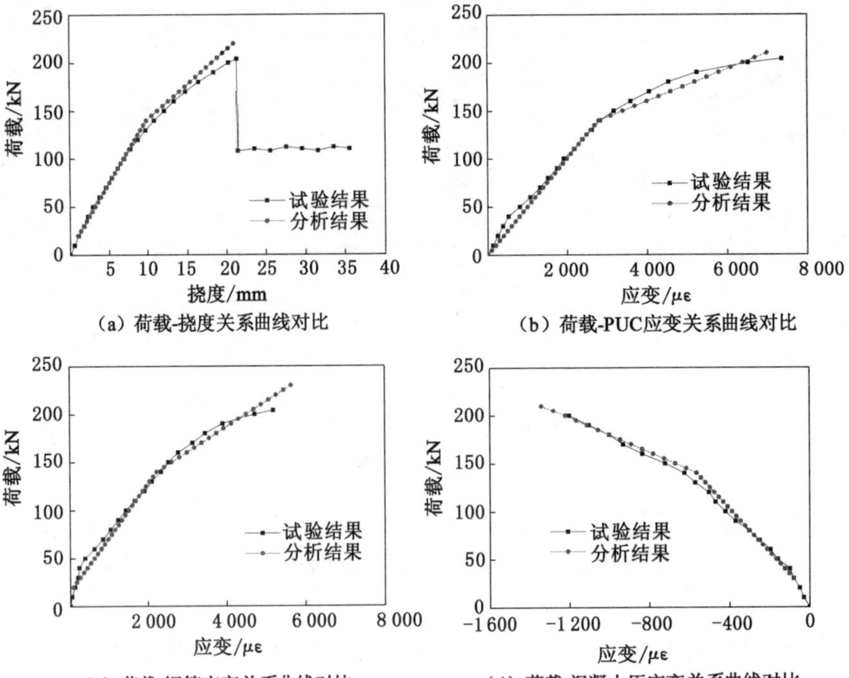

(a) 荷载-挠度关系曲线对比　(b) 荷载-PUC应变关系曲线对比

(c) 荷载-钢筋应变关系曲线对比　(d) 荷载-混凝土压应变关系曲线对比

图 6-5　T 形截面试件 A_8 分析结果与试验结果对比

6.2　聚氨酯水泥-预应力钢丝绳加固受弯构件的设计公式

6.2.1　聚氨酯水泥-预应力钢丝绳加固构件的开裂荷载计算

根据部分预应力混凝土结构开裂荷载的计算理论,可以将聚氨酯水泥-预应力钢丝绳加固的受弯构件的开裂荷载分为两部分,一部分是消压荷载,另一部分是具有相同配筋率的非预应力构件的开裂荷载。

6.2.1.1　消压弯矩计算

当构件截面为矩形时,假设构件承受的弯矩刚好等于消压弯矩,那么构件下边缘处应力为 0,则整个矩形截面完全处于受压状态,有如下平衡方程:

$$F_c = F_p \tag{6-39}$$

式中　F_c ——截面上的合压力;

F_p ——钢丝绳总的预加力。

假设截面中材料的弹性模量均相同,那么压应力近似三角形分布,合压力作用点距截面上边缘距离为 $\frac{h}{3}$,钢丝绳预拉力与混凝土合压力点之间的力臂为 $\frac{2h}{3}$,则有:

$$M_k = F_p \frac{2h}{3} \tag{6-40}$$

式中 M_k ——消压弯矩。

当构件截面为T形时，根据施加在构件上的预应力计算出该预加力在混凝土受拉边缘引起的预压应力 σ_{pe}。将钢筋、钢丝绳与聚氨酯水泥3种材料的面积均等效换算成混凝土材料的截面积，分别为 $\frac{E_s}{E_c}A_s$，$\frac{E_{SWR}}{E_c}A_{SWR}$，$\frac{E_{PUC}}{E_c}A_{PUC}$，则换算后的面积为：

$$A_0 = bh + (n_s - 1)A_s + (n_{SWR} - 1)A_{SWR} + (n_{PUC} - 1)A_{PUC} \tag{6-41}$$

根据弹性均质体求出中性轴位置，进而求出换算后截面的惯性矩 I_0 和抵抗矩 W_0，则受拉边缘的有效预压应力为：

$$\sigma_{pe} = \frac{F_p}{A_0} + \frac{F_p e}{W_0} \tag{6-42}$$

则消压弯矩为：

$$M_k = \sigma_{pe} W_0 \tag{6-43}$$

6.2.1.2 相同条件下的非预应力受弯构件的开裂弯矩

将开裂前的构件看成均质弹性体。按照式(6-41)求出换算截面面积，则受压区高度 h_c 满足：

$$\frac{1}{2}bh_c^2 = \frac{1}{2}b(h-h_c)^2 + (n_s-1)A_s(h_0-h_c) + (n_{SWR}-1)A_{SWR}(h-h_c) + (n_{PUC}-1)A_{PUC}(h-h_c) \tag{6-44}$$

$$h_c = \frac{\frac{1}{2}bh^2 + (n_s-1)A_s h_0 + (n_{SWR}-1)A_{SWR}h_0 + (n_{PUC}-1)A_{PUC}h_0}{bh + (n_s-1)A_s + (n_{SWR}-1)A_{SWR} + (n_{PUC}-1)A_{PUC}} \tag{6-45}$$

按照换算截面计算出的惯性矩为：

$$I_0 = \frac{b}{3}[h_c^3 + (h-h_c)^3] + (n_s-1)A_s(h_0-h_c)^2 + (n_{SWR}-1)A_{SWR}(h-h_c)^2 + (n_{PUC}-1)A_{PUC}(h-h_c)^2 \tag{6-46}$$

受拉边缘的截面抵抗矩为：

$$W_0 = \frac{I_0}{h-h_c} \tag{6-47}$$

则非预应力试件的截面开裂弯矩为：

$$M'_{cr} = \gamma_m W_0 f_t \tag{6-48}$$

式中 γ_m ——截面抵抗矩塑性系数；

f_c ——混凝土轴心抗压强度。

由此可以得到聚氨酯水泥-预应力钢丝绳加固构件的开裂弯矩：

$$M_{cr} = M_k + M'_{cr} \tag{6-49}$$

6.2.2 聚氨酯水泥-预应力钢丝绳加固构件的极限承载能力计算

聚氨酯水泥-预应力钢丝绳加固梁的弯曲破坏形式有三种：第一种破坏形式为钢筋屈服，聚氨酯水泥-预应力钢丝绳加固层达到极限抗拉强度而断裂，但是主梁混凝土未被压碎；第二种破坏形式为钢筋屈服，主梁混凝土顶缘发生抗压破坏，而聚氨酯水泥-预应力钢丝绳加固层未被拉断；第三种破坏形式为钢筋未屈服，聚氨酯水泥-预应力钢丝绳加固层未拉断，而混凝土被压碎。

当构件破坏为第二种破坏和第三种破坏之间的界限破坏时，截面内力可以通过如下公式计算：

$$\frac{\varepsilon_{cu}}{h_c}=\frac{\frac{f_y}{E_s}}{h_0-h_c}=\frac{\varepsilon_{SWR}}{h_{SWR}-h_c}=\frac{\varepsilon_{PUC}}{h_{PUC}-h_c} \tag{6-50}$$

$$0.8bh_c f_{cu}=f_yA_s+(\varepsilon_i+\varepsilon_{SWR})E_{SWR}A_{SWR}+\varepsilon_{PUC}E_{PUC}A_{PUC} \tag{6-51}$$

式中 ε_i——钢丝绳有效初始拉伸应变；

ε_{SWR}——钢丝绳承受荷载时的应变增长值。

根据式(6-50)确定此界限破坏时的受压高度：

$$h_{c1}=\frac{h_0\varepsilon_{cu}}{\varepsilon_{cu}+\frac{f_y}{E_s}} \tag{6-52}$$

当钢丝绳有效初始应变$\varepsilon_i\geqslant 0.005$，钢筋达到屈服时钢丝绳也达到名义屈服强度，钢丝绳应变进入快速增长阶段，可根据式(6-1c)求得此时的钢丝绳应力。当钢丝绳有效初始应变$\varepsilon_i<0.005$，钢筋刚屈服时，钢丝绳处于弹性阶段，可根据式(6-1a)求得钢丝绳应力。

将式(6-52)代入式(6-51)可求得此界限破坏时的聚氨酯水泥对梁承载力提升率为：

当$\varepsilon_i\geqslant 0.005$时：

$$\rho_{b1a}=\frac{(0.8bh_{c1}f_{cu}-f_yA_s-m\varepsilon_iA_{SWR})h_0E_s-m[h_{SWR}(\varepsilon_{cu}E_s+f_y)-h_0E_s\varepsilon_{cu}]A_{SWR}-nh_0E_sA_{SWR}}{(\varepsilon_{cu}E_sh_{PUC}+f_yh_{PUC}-\varepsilon_{cu}E_sh_0)E_{PUC}bh}$$

当$\varepsilon_i<0.005$时：

$$\rho_{b1b}=\frac{(0.8bh_{c1}f_{cu}-f_yA_s)h_0E_s-[h_{SWR}(\varepsilon_{cu}E_s+f_y)+\varepsilon_ih_0E_s-h_0E_s]E_{SWR}A_{SWR}}{(\varepsilon_{cu}E_sh_{PUC}+f_yh_{PUC}-\varepsilon_{cu}E_sh_0)E_{PUC}bh}$$

由前述内容可知聚氨酯水泥-预应力钢丝绳加固层断裂均由聚氨酯水泥首先达到拉伸应变而导致加固层整体断裂。可根据聚氨酯水泥临界断裂应变值给出第一、二种破坏形式界限破坏时的内力平衡和应变协调等式：

$$\frac{\varepsilon_{cu}}{h_c}=\frac{\varepsilon_{PUC}}{h_{PUC}-h_c} \tag{6-53}$$

$$0.8bh_cf_{cu}=f_yA_s+[m(\varepsilon_i+\varepsilon_{SWR})+n]A_{SWR}+\varepsilon_{PUC}E_{PUC}A_{PUC} \tag{6-54}$$

式中，$\varepsilon_{PUC}=0.007$。

则对应受压区高度为：

$$h_{c2a}=\frac{h_{PUC}\varepsilon_{cu}}{\varepsilon_{cu}+\varepsilon_{PUC}} \tag{6-55}$$

对应的聚氨酯水泥对梁承载力提升率为：

$$\rho_{b2}=\frac{\frac{0.8bh_{PUC}f_{cu}\varepsilon_{cu}}{\varepsilon_{cu}+\varepsilon_{PUC}}-f_yA_s-[m(\varepsilon_i+\frac{\varepsilon_{cu}h_{SWR}+\varepsilon_{PUC}h_{SWR}-\varepsilon_{cu}h_{PUC}}{h_{PUC}})+n]A_{SWR}}{\varepsilon_{PUC}E_{PUC}bh} \tag{6-56}$$

确定了界限破坏时对应的受压区高度，即可求得聚氨酯水泥对梁承载力提升率。然后根据不同的聚氨酯水泥对梁承载力提升率区分不同的破坏形式，求出相应的极限承载能力。

当聚氨酯水泥对梁承载力提升率$\rho<\rho_{b2}$时，假定聚氨酯水泥加强率足够大，此时受压

区边缘压应变破坏时大于 0.002，但是还未达到 0.003 3，因此不能采用等效应力矩形。破坏时内力平衡与应变协调等式如下：

$$bf_{cu}(1-\frac{2\varepsilon_0}{3\varepsilon_c})h_c = f_y A_s + [m(\varepsilon_i + 0.007) + n]A_{SWR} + 0.007E_{PUC}A_{PUC} \quad (6\text{-}57)$$

$$\frac{\varepsilon_c}{h_c} = \frac{0.007-\varepsilon_i}{h_{SWR}-h_c} = \frac{0.007}{h_{PUC}-h_c} \quad (6\text{-}58)$$

将式(6-58)代入式(6-57)，得到 h_c 的计算方程，计算得出 h_c 和 ε_c。混凝土受压区合压力作用点至受压边缘的距离可用下式计算：

$$D = \frac{9(\varepsilon_c-\varepsilon_0)^2+4\varepsilon_0(3\varepsilon_c-2\varepsilon_0)}{18\varepsilon_c^2-6\varepsilon_c\varepsilon_0}h_c \quad (6\text{-}59)$$

式(6-59)的计算过程尤为烦琐，当 ε_c 由 0.002 变化至 0.0033 时，D 值分布在 $0.4h_c$ 左右。为便于计算，D 取 $0.4h_c$，则极限承载力计算公式如下：

$$M_u = bf_{cu}(1-\frac{2\varepsilon_0}{3\varepsilon_c})h_c(h_{PUC}-0.4h_c) - f_y A_s(h_{PUC}-h_0) - [m(\varepsilon_i+0.007)+n]A_{SWR} \quad (6\text{-}60)$$

当 $\rho_{b2} < \rho < \rho_{b1}$ 时，可以得到破坏时的截面内力平衡和应变协调公式。

当 $\varepsilon_i + \varepsilon_{SWR} \geqslant 0.007$ 时：

$$0.8bh_c f_{cu} = f_y A_s + [m(\varepsilon_i+\varepsilon_{SWR})+n]A_{SWR} + \varepsilon_{PUC}E_{PUC}A_{PUC} \quad (6\text{-}61)$$

$$\frac{\varepsilon_{cu}}{h_c} = \frac{\varepsilon_{SWR}}{h_{SWR}-h_c} = \frac{\varepsilon_{PUC}}{h_{PUC}-h_c} \quad (6\text{-}62)$$

将式(6-62)代入式(6-61)，可以得到关于 h_c 的方程，进而求解出 h_c，对聚氨酯水泥合力作用点取矩，可求出破坏时截面极限承载能力计算公式：

$$M_u = 0.8bh_c f_{cu}(h_{PUC}-0.4h_c) - f_y A_s(h_{PUC}-h_0) - [m(\varepsilon_i+\varepsilon_{SWR})+n]A_{SWR}(h_{PUC}-h_{SWR}) \quad (6\text{-}63)$$

当 $\varepsilon_i + \varepsilon_{SWR} < 0.007$ 时：

$$0.8bh_c f_{cu} = f_y A_s + (\varepsilon_i+\varepsilon_{SWR})E_{SWR}A_{SWR} + \varepsilon_{PUC}E_{PUC}A_{PUC} \quad (6\text{-}64)$$

将式(6-62)代入式(6-64)可以得到关于 h_c 的一元二次方程，求解此方程可以得到 h_c，对聚氨酯水泥合力作用点取矩，可求出破坏时截面极限承载能力计算公式：

$$M_u = 0.8bh_c f_{cu}(h_{PUC}-0.4h_c) - f_y A_s(h_{PUC}-h_0) - (\varepsilon_i+\varepsilon_{SWR})E_{SWR}A_{SWR}(h_{PUC}-h_{SWR}) \quad (6\text{-}65)$$

当 $\rho > \rho_{b1}$ 时，可列出破坏时截面内力平衡及应变协调等式。

当 $\varepsilon_i + \varepsilon_{SWR} \geqslant 0.007$ 时：

$$0.8bh_c f_{cu} = \varepsilon_s E_s A_s + [m(\varepsilon_i+\varepsilon_{SWR})+n]A_{SWR} + \varepsilon_{PUC}E_{PUC}A_{PUC} \quad (6\text{-}66)$$

$$\frac{\varepsilon_{cu}}{h_c} = \frac{\varepsilon_s}{h_0-h_c} = \frac{\varepsilon_{SWR}}{h_{SWR}-h_c} = \frac{\varepsilon_{PUC}}{h_{PUC}-h_c} \quad (6\text{-}67)$$

将式(6-67)代入式(6-66)，得到关于 h_c 的方程，进而求解出 h_c 并得到结构破坏时的钢筋应变 ε_s，对聚氨酯水泥中心位置取矩可求得极限承载力：

$$M_u = 0.8bh_c f_{cu}(h_{PUC}-0.4h_c) - \varepsilon_s E_s A_s(h_{PUC}-h_0) - [m(\varepsilon_i+\varepsilon_{SWR})+n]A_{SWR}(h_{PUC}-h_{SWR}) \quad (6\text{-}68)$$

当 $\varepsilon_i + \varepsilon_{SWR} < 0.007$ 时：

$$0.8bh_c f_{cu} = \varepsilon_s E_s A_s + (\varepsilon_i + \varepsilon_{SWR}) E_{PUC} A_{SWR} + \varepsilon_{PUC} E_{PUC} A_{PUC} \tag{6-69}$$

将式(6-67)代入式(6-69)可以得到关于 h_c 的方程,求解出 h_c 并计算得出破坏时的钢筋应变 ε_s,进而求出构件的极限承载力:

$$M_u = 0.8bh_c f_{cu}(h_{PUC} - 0.4h_c) - \varepsilon_s E_s A_s (h_{PUC} - h_0) - (\varepsilon_i + \varepsilon_{SWR}) E_{PUC} A_{SWR} (h_{PUC} - h_{SWR}) \tag{6-70}$$

6.2.3 聚氨酯水泥-预应力钢丝绳加固构件的挠度计算

聚氨酯水泥-预应力钢丝绳加固的受弯构件本质上是一种使用荷载大于开裂荷载的部分预应力构件。国内外对部分预应力构件计算采用的计算方法主要有曲率积分法、有效惯性矩法和直接双线性法。

(1) 曲率积分法

曲率积分法是对构件全长的曲率进行积分,最终得到计算构件的挠度值。CEB-FIB 提出计算式为:

$$f = \alpha l^2 \frac{1}{\rho} \tag{6-71}$$

式中 α——与支座和荷载条件相关的变形计算系数;

l——受弯构件的计算跨度;

$\frac{1}{\rho}$——曲率。

(2) 有效惯性矩法

有效惯性矩法是根据开裂弯矩 M_{cr} 与实际弯矩 M 的比值将开裂前和开裂后的惯性矩 I_c 和 I_g 折算为有效惯性矩 I_e:

$$I_e = \left(\frac{M_{cr}}{M}\right)^3 I_0 + \left[1 - \left(\frac{M_{cr}}{M}\right)^3\right] I_{cr} \leqslant I_0 \tag{6-72}$$

式中 M——实际弯矩;

M_{cr}——开裂弯矩;

I_e——折算惯性矩;

I_0——未开裂截面惯性矩;

I_{cr}——开裂截面惯性矩。

再由折算后的惯性矩来计算受弯构件的挠度。

(3) 直接双线性法

直接双线性法是将使用荷载前的挠度-弯矩关系曲线近似看成两段直线,开裂弯矩 M_{cr} 以前的部分按照 I_0 计算得到挠度 f_1。假定裂缝出现后在不同预应力度下的同等配筋构件曲线是平行的,按照惯性矩 I_{cr} 计算超过开裂荷载 $M' = M - M_{cr}$ 后的挠度,计算得到 f_2。则构件的挠度 $f = f_1 + f_2$。CEB-FIP 提出的变形计算公式如下:

$$f = \alpha l^2 \left(\frac{M_{cr}}{E_c I_0} + \frac{M - M_{cr}}{0.75 E_c I_{cr}}\right) \leqslant \alpha l^2 \frac{M}{E_c I_{cr}} \tag{6-73}$$

式中 α——与支座和荷载条件有关的变形计算系数;

l——受弯构件的计算跨度;

I_0,I_{cr},M,M_{cr} 的含义同有效惯性矩法。

实际应用中，由于曲率积分法过于烦琐，因此不方便经常进行计算。经过对有效惯性矩法和直接双线性法两者进行比较，发现直接双线性法所得结果与试验测试结果吻合更好。

根据由试验得出的荷载-挠度关系曲线可知：主筋屈服荷载以前，构件的荷载-挠度关系曲线为两段直线，因此聚氨酯水泥-预应力钢丝绳加固受弯构件的挠度也可以采用直接双线性法来计算。

构件开裂后，假设裂缝截面上受拉区的混凝土弯曲退出工作，只有聚氨酯水泥-预应力钢丝绳加固层与主筋共同承担拉力，将聚氨酯水泥、钢丝绳与钢筋的换算面积（$n_{\mathrm{PUC}}A_{\mathrm{PUC}}$，$n_{\mathrm{SWR}}A_{\mathrm{SWR}}$，$n_{\mathrm{s}}A_{\mathrm{s}}$）分别置于各自的截面形心位置高度，可以确定中性轴的位置：

$$\frac{1}{2}bh_{\mathrm{c}}^{2} = n_{\mathrm{s}}A_{\mathrm{s}}(h_0 - h_{\mathrm{c}}) + n_{\mathrm{PUC}}A_{\mathrm{PUC}}(h_{\mathrm{PUC}} - h_{\mathrm{c}}) + n_{\mathrm{SWR}}A_{\mathrm{SWR}}(h_{\mathrm{SWR}} - h_{\mathrm{c}}) \tag{6-74}$$

将式(6-74)整理成关于 h_{c} 的一元二次方程：

$$Ah_{\mathrm{c}}^{2} + Bh_{\mathrm{c}} + C = 0$$

$$h_{\mathrm{c}} = \frac{-B + \sqrt{B^2 - 4AC}}{2A} \tag{6-75}$$

式中，

$$A = \frac{b}{2}$$

$$B = n_{\mathrm{s}}A_{\mathrm{s}} + n_{\mathrm{PUC}}A_{\mathrm{PUC}} + n_{\mathrm{SWR}}A_{\mathrm{SWR}}$$

$$C = -(n_{\mathrm{s}}A_{\mathrm{s}}h_0 + n_{\mathrm{PUC}}A_{\mathrm{PUC}}h_{\mathrm{PUC}} + n_{\mathrm{SWR}}A_{\mathrm{SWR}}h_{\mathrm{PUC}})$$

则开裂后截面刚度为：

$$B_{\mathrm{cr}} = E_{\mathrm{c}}I_{\mathrm{cr}} \tag{6-76}$$

未开裂时惯性矩采用式(6-45)和式(6-46)计算，此时截面抗弯刚度为：

$$B_0 = E_{\mathrm{c}}I_0 \tag{6-77}$$

聚氨酯水泥-预应力钢丝绳加固构件挠度的计算公式可按照直接双线性法求出：

$$f = \alpha l^2\left(\frac{M_{\mathrm{cr}}}{\beta_1 E_{\mathrm{c}}I_{\mathrm{c}}} + \frac{M - M_{\mathrm{cr}}}{\beta_2 E_{\mathrm{c}}I_{\mathrm{g}}}\right) \tag{6-78}$$

式中　β_1，β_2 ——影响系数。

参照第 3 章试验结果对式(6-78)进行线性回归分析，得到：

$$\begin{cases}\beta_1 = 0.95\\ \beta_2 = 0.72\end{cases}$$

则式(6-78)变为：

$$f = \alpha l^2\left(\frac{M_{\mathrm{cr}}}{0.95E_{\mathrm{c}}I_{\mathrm{c}}} + \frac{M - M_{\mathrm{cr}}}{0.72E_{\mathrm{c}}I_{\mathrm{g}}}\right) \tag{6-79}$$

可以看出：式(6-79)与 CEB-FIP 提出的部分应力构件挠度计算公式非常接近。

图 6-6 给出了聚氨酯水泥-预应力钢丝绳加固构件的试验结果与式(6-79)的计算结果对比。

由图 6-6 可以看出：式(6-79)的计算结果与聚氨酯水泥-预应力钢丝绳加固构件的试验结果吻合较好，说明公式可以计算预测聚氨酯水泥-预应力钢丝绳加固构件屈服荷载范围内的挠度。

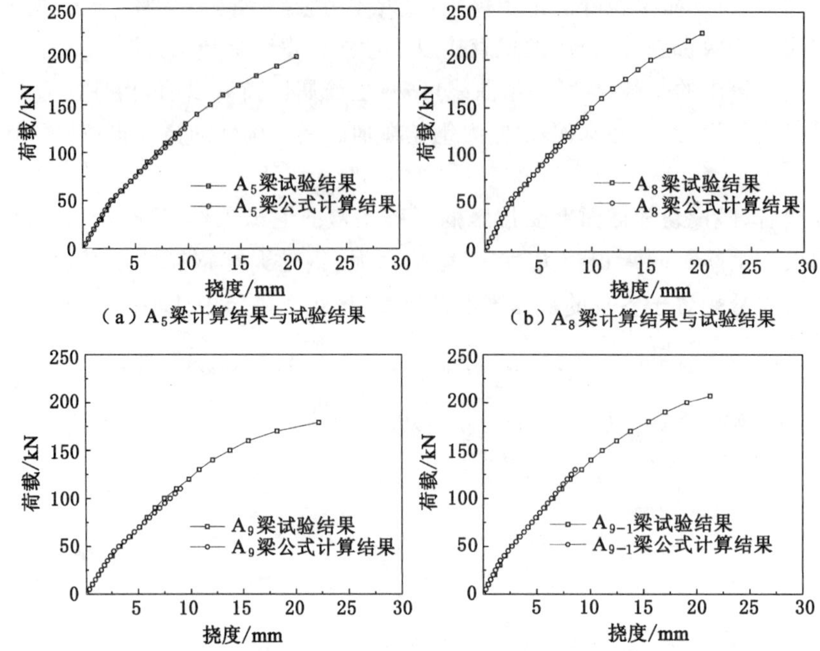

（a）A_5梁计算结果与试验结果　（b）A_8梁计算结果与试验结果

（c）A_9梁计算结果与试验结果　（d）A_{9-1}梁计算结果与试验结果

图 6-6　A_5、A_8、A_9 和 A_{9-1} 梁的计算结果与试验结果对比

6.2.4　聚氨酯水泥-预应力钢丝绳加固构件裂缝间距分析

在计算加固构件平均裂缝间距时，考虑聚氨酯水泥钢丝绳加固层的影响，参照普通钢筋混凝土梁裂缝理论，基本假定如下：首先，聚氨酯水泥-预应力钢丝绳加固层位置与纵筋位置相同；其次，聚氨酯水泥、钢丝绳和纵筋应变不均匀系数相同。

裂缝处受力状态的分析如图 6-7 所示。

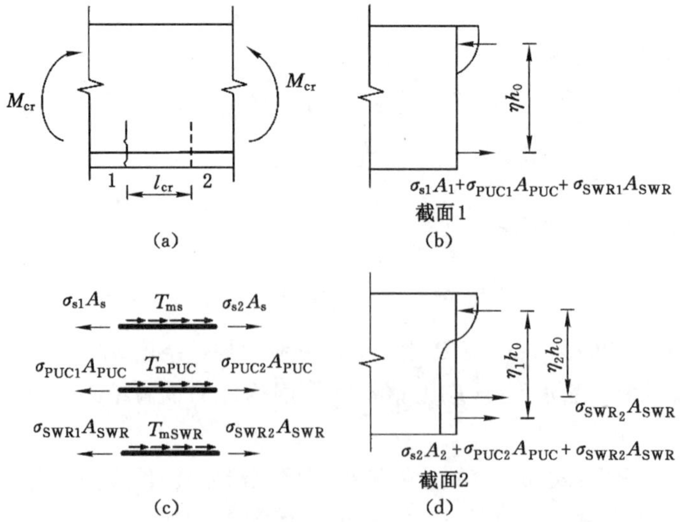

图 6-7　裂缝处受力状态分析图

其中，钢筋及聚氨酯水泥-预应力钢丝绳加固层的不平衡力由黏结力平衡，截面 1 为第一条裂缝处，与截面 1 相邻的截面是截面 2，是即将出现的第 2 条裂缝。

由平衡条件可得：

$$\tau_{ms} n\pi d l_{cr} + \gamma \tau_{mPUC} b_{PUC} l_{cr} = A_s(\sigma_{s1} - \sigma_{s2}) + A_{PUC}(\sigma_{PUC1} - \sigma_{PUC2}) + A_{SWR}(\sigma_{SWR1} - \sigma_{SWR2}) \tag{6-80}$$

式中　γ——聚氨酯水泥层中钢丝绳影响系数；

b_{PUC}——加固梁横截面中聚氨酯水泥与混凝土接触的长度。

在截面 1 处：

$$M_{cr} = A_s \sigma_{s1} \eta h_0 + A_{PUC} \sigma_{PUC1} \eta h_0 + A_{SWR} \sigma_{SWR1} \eta h_0 \tag{6-81}$$

设 $\alpha_1 = \dfrac{A_{PUC}\sigma_{PUC1}}{A_s\sigma_{s1}} = \dfrac{A_{PUC}E_{PUC}}{A_s E_s}$，$\alpha_2 = \dfrac{A_{SWR}\sigma_{SWR1}}{A_s\sigma_{s1}} = \dfrac{A_{SWR}E_{SWR}}{A_s E_s}$，$\alpha_1$ 为聚氨酯水泥刚度等效系数，α_2 为预应力钢丝绳刚度等效系数。

令：

$$\alpha = \alpha_1 + \alpha_2 \tag{6-82}$$

则：

$$M_{cr} = (1+\alpha) A_s \sigma_{s1} \eta h_0 \tag{6-83}$$

如图 6-7 所示，在截面 2 处 $M_{cr} = M_c + M_s$，M_{cr} 包括两个部分：一部分是由钢筋及聚氨酯水泥-预应力钢丝绳加固层承受的 M_s，一部分是由混凝土承受的 M_c。由截面 2 的弯矩平衡可得：

$$M_s = M_{cr} - M_c = (\sigma_{s2} A_s + \sigma_{PUC2} A_{PUC} + \sigma_{SWR2} A_{SWR}) \eta_1 h_0 = (1+\alpha)\sigma_{s2} A_s \eta_1 h_0 \tag{6-84}$$

所以有：

$$\tau_{ms} n\pi d l_{cr} + \tau_{mPUC} b_{PUC} l_{cr} \gamma = \frac{M_{cr}}{\eta h_0} - \frac{M_{cr} - M_c}{\eta_1 h_0} \tag{6-85}$$

取内力臂系数 $\eta = \eta_1$，则：

$$l_{cr} = \frac{M_c}{\eta h_0 (\tau_{ms} n\pi d + \tau_{mPUC} b_{PUC} \gamma)} \tag{6-86}$$

M_c 可近似按下式计算：

$$M_c = [0.5bh + (b_f - b)h_f]\eta_2 h f_t \tag{6-87}$$

$$\frac{1}{l_{cr}} = \frac{\eta h_0}{\eta_2 h}\left\{\frac{\tau_{ms} n\pi d}{[0.5bh + (b_f - b)h_f]f_t} + \frac{\gamma \tau_{mPUC} b_{PUC}}{[0.5bh + (b_f - b)h_f]f_t}\right\} \tag{6-88}$$

设 ρ_{tes} 为按有效受拉截面面积计算的配筋率：

$$\rho_{tes} = \frac{A}{0.5bh + (bf - b)h_f} \tag{6-89}$$

设 ρ_{te} 为按刚度等效考虑聚氨酯水泥-预应力钢丝绳加固层后按照有效受拉截面面积计算的配筋率：

$$\rho_{te} = \frac{(1+\alpha)A_s}{0.5bh + (b_f - b)h_f} = (1+\alpha)\rho_{tes} \tag{6-90}$$

设 θ 为聚氨酯水泥-预应力钢丝绳加固层的裂缝影响系数：

$$\theta = \frac{\lambda \tau_{mPUC} b_{mPUC}}{\tau_{ms} n\pi d} \tag{6-91}$$

则有：

$$\begin{aligned}\frac{1}{l_{\mathrm{cr}}} &= \frac{\eta h_0}{\eta_2 h}(1+\theta)\frac{\tau_{\mathrm{ms}} n\pi d}{[0.5bh+(b_{\mathrm{f}}-b)h_{\mathrm{f}}]f_{\mathrm{t}}} \\ &= \frac{\eta h_0}{\eta_2 h}(1+\theta)\frac{4\tau_{\mathrm{ms}}\rho_{\mathrm{tes}}}{df_{\mathrm{t}}} = \frac{4\tau_{\mathrm{ms}}\eta h_0}{f_{\mathrm{t}}\eta_2 h}\frac{1+\theta}{1+\alpha_1+\alpha_2}\frac{\rho_{\mathrm{te}}}{d}\end{aligned} \tag{6-92}$$

即

$$l_{\mathrm{cr}} = k\frac{1+\alpha}{1+\theta}\frac{d}{\rho_{\mathrm{te}}} \tag{6-93}$$

式中　ρ_{te} ——按刚度等效考虑聚氨酯水泥-预应力钢丝绳加固层后，按照有效受拉截面面积计算的配筋率；

k ——影响系数。

$$k = \frac{f_{\mathrm{t}}\eta_2 h}{2\eta h_0\tau_{\mathrm{ms}}} \tag{6-94}$$

设：

$$\varphi = \frac{\gamma\tau_{\mathrm{mPUC}}}{\tau_{\mathrm{ms}}}$$

则：

$$\theta = \frac{\gamma\tau_{\mathrm{mPUC}} b_{\mathrm{mPUC}}}{\tau_{\mathrm{ms}} n\pi d} = \varphi\frac{b_{\mathrm{mPUC}}}{n\pi d}$$

综上可以明显看出：仅系数 α 和 θ 对加固构件裂缝的宽度产生影响。根据《混凝土结构设计规范》(GB 50010—2010)和钢筋混凝土黏结滑移理论，采用聚氨酯水泥-预应力钢丝绳加固后梁的平均裂缝间距计算公式为：

$$l_{\mathrm{cr}} = \beta\left(1.9c + 0.08\frac{1+\alpha}{1+\theta}\frac{d_{\mathrm{eq}}}{\rho_{\mathrm{te}}}\right) \tag{6-95}$$

式中　β ——构件类型系数，受弯构件取 1.0。

c ——最外层受拉钢筋的外边缘到构件受拉区底边的距离，$c < 20$ mm 时，令 $c = 20$ mm；$c > 65$ mm 时，令 $c = 65$ mm。

d_{eq} ——受拉主筋等效直径，$d_{\mathrm{eq}} = \dfrac{\sum n_i d_i^2}{\sum n_1 v_1 d_i}$。

n_i ——第 i 种主筋根数。

ν_i ——第 i 种主筋相对黏结特性系数，带肋钢筋取 1.0。

聚氨酯水泥浇筑厚度和钢丝绳根数不同，致使钢丝绳在加固层横截面面积所占比例不相同。假设钢丝绳截面面积之和占聚氨酯水泥横截面面积的百分比为 ν。

根据第 3 章中聚氨酯水泥-预应力钢丝绳混凝土梁的抗弯试验，对加固层中不同钢丝绳横截面占聚氨酯水泥横截面面积百分比的加固梁，按照试验中实际测量的主裂缝间距 l'_{cr}，统计不同 ν 时的系数 φ，如图 6-8 所示，ν-φ 满足下列关系式：

$$\varphi = 423.9\nu + 1.45 \tag{6-96}$$

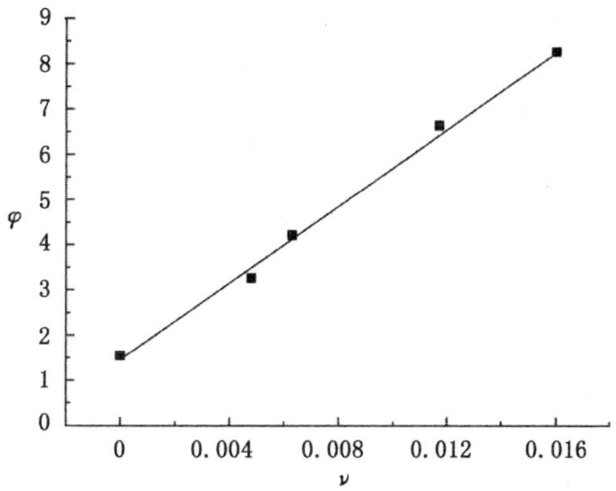

图 6-8　加固层钢丝绳截面积之和占聚氨酯水泥横截面面积百分比 ν 与系数 φ 关系曲线

6.2.5　裂缝宽度分析

参照《混凝土结构设计规范》(GB 50010—2010)，具体的钢筋混凝土结构裂缝宽度计算公式为：

$$\omega_{\max} = \alpha_{cr}\psi\frac{\sigma_{ss}}{E_s}\left(1.9c + 0.08\,\frac{1+\alpha}{1+\theta}\,\frac{d_{eq}}{\rho_{te}}\right) \tag{6-97}$$

式中　α_{cr}——构件受力特征系数，$\alpha_{cr} = \tau_1\tau_2\alpha_c$，预应力受弯构件取 1.7。

ρ_{te}——按刚度等效原则考虑聚氨酯水泥和预应力钢丝绳时按有效受拉截面面积计算的配筋率。

$$\rho_{te} = \frac{(1+\alpha_B)A_s}{0.5bh + (b_f - b)h_f} = (1+\alpha_B)\rho_{tes} \tag{6-98}$$

$$\rho_{tes} = \frac{A_s}{0.5bh + (b_f - b)h_f} \tag{6-99}$$

式中　α——聚氨酯水泥-预应力钢丝绳刚度等效系数，见式(6-82)；

θ——聚氨酯水泥-预应力钢丝绳加固层影响系数，见式(6-91)；

ν_i——第 i 种纵向受拉钢筋相对黏结特性系数，光圆钢筋 $\nu_i = 0.7$，带肋钢筋 $\nu_i = 1.0$；

ψ——钢筋应变不均匀系数，$\psi < 0.2$ 时取 $\psi = 0.2$，$\psi > 1.0$ 时取 $\psi = 1.0$。

$$\psi = 1.1 - \frac{0.65 f_{tk}}{\rho_{te}\sigma_{ss}} \tag{6-100}$$

如果考虑聚氨酯水泥-预应力钢丝绳加固层的影响，根据普通钢筋混凝土梁计算公式可以将聚氨酯水泥-预应力钢丝绳加固层按刚度相等等效为钢筋，采用如下公式计算：

$$\sigma_{ss} = \frac{M_s}{(1+\alpha)A_s\eta h_0} \tag{6-101}$$

式中　f_{tk}——轴心抗压强度标准值，MPa；

M_s——荷载标准组合下的弯矩值，kN·m。

按照图 6-8 中 $\varphi = \frac{\tau_{mcf}}{\tau_{ms}}$ 的取值来计算裂缝宽度，计算结果见表 6-1。

表 6-1　裂缝宽度的试验值和计算值对比表

梁编号	实测裂缝宽度/mm	计算宽度/mm	误差/%
A_4	0.18	0.22	22.2
A_5	0.14	0.15	7.1
A_8	0.17	0.16	5.9
A_9	0.16	0.17	6.3
A_{9-1}	0.17	0.19	11.8

上述计算公式是以普通钢筋混凝土理论为基础的，该计算公式不适用于加固构件主筋屈服后的弹塑性状态。当钢筋发生屈服时，虽然聚氨酯水泥能够较大程度降低裂缝展开，但其破坏裂缝较钢筋屈服前展开迅速。因此，聚氨酯水泥-预应力钢丝绳加固梁裂缝宽度的计算适用于钢筋屈服前加固梁最大裂缝的计算。

利用本书提出的聚氨酯水泥-预应力钢丝绳加固钢筋混凝土梁裂缝间距与裂缝宽度计算公式，对不同钢丝绳配置率的加固梁进行计算，得到裂缝宽度计算结果与实测结果并进行对比，见表 6-1。由表 6-1 可知：修正后的公式计算结果与实测值吻合良好，能够更好地描述裂缝宽度情况。

6.3　本章小结

(1) 以平截面假定和内力平衡为基础的分析结果与试验结果吻合良好，说明以传统的平截面假定为基础的力学模型能够很好地预测经过聚氨酯水泥-预应力钢丝绳加固的构件的工作性能。

(2) 采用直接双线性法计算所得挠度与构件试验结果吻合良好，表明该方法可用于计算聚氨酯水泥-预应力钢丝绳加固构件承受低于屈服荷载的荷载时的挠度。

(3) 在现有研究成果基础上，修正了加固层中不同钢丝绳所占体积百分比时的加固梁的最大裂缝宽度的计算方法，该方法计算结果与试验结果吻合良好。

第7章 结　论

本书将聚氨酯水泥材料作为钢丝绳嵌入材料，形成一种新的聚氨酯水泥-预应力钢丝绳加固方法。轻质、高强的聚氨酯水泥既能黏结锚固预应力钢丝绳，又能被动参与结构受力，解决了目前以砂浆或复合砂浆作为嵌入材料而产生的易开裂、易脱落、影响预应力钢丝绳耐久性能等问题。本书以 1 550 kg/m^3 高密度的聚氨酯水泥(PUC-1550)的材料性能试验为基础，分别进行了模型加固梁的静力试验、理论及数值分析和模型加固梁的抗弯疲劳性能试验和分析。在试验研究和理论分析基础上，对两座相似的实际桥梁进行了加固，同时进行了加固前、后的荷载试验，得到如下结论：

(1) 聚氨酯水泥的平均抗压强度、抗折强度和轴向抗拉强度分别为 59.3 MPa、41.5 MPa 和 31 MPa，拟合得到材料相应的应力-应变关系式；PUC-1550 材料与混凝土轴向拉伸黏结强度和弯曲黏结强度分别为 3.56 MPa 和 3.16 MPa，两种黏结试验破坏界面并没有发生在混凝土与聚氨酯水泥材料黏结面上。在−40～60 ℃环境温度下，材料的极限强度并没有降低，随着温度升高，材料的极限拉伸应变略微增大，特别是 60 ℃时拉伸应变增大较为明显；PUC-1550 具有良好的耐化学腐蚀性能。

(2) 与预应力钢丝绳加固相比，聚氨酯水泥-预应力钢丝绳加固能够明显提高加固梁的屈服荷载和极限荷载，聚氨酯水泥-预应力钢丝绳加固梁(20 mm 厚度 PUC)的屈服荷载和极限荷载比对应的预应力钢丝绳加固梁分别提高了 24.1%和 44.6%，即使去除加固层中的钢丝绳，屈服荷载和极限荷载也分别提高 2.2%和 19.4%。

(3) 聚氨酯水泥-预应力钢丝绳加固的限制裂缝展开的能力优于预应力钢丝绳加固梁，尤其主梁钢筋屈服后更为明显。聚氨酯水泥在整个加载过程中没有开裂，直到最后加固层断裂，结合材料良好的耐化学腐蚀性，这种现象理论上能够增强钢丝绳的使用耐久性；聚氨酯水泥-预应力钢丝绳加固梁的刚度明显高于预应力钢丝绳加固梁。

(4) 加固梁的强度、刚度、限制裂缝能力随着加固层的聚氨酯水泥厚度的增加而提高，而随着钢丝绳预应力的降低而降低；与完好加固梁相比，负载加固梁破坏时的挠度比直接加固梁的大，结构刚度和屈服荷载降低，但是极限承载力并没有明显降低。

(5) 与预应力钢丝绳加固相比，聚氨酯水泥-预应力钢丝绳加固显著改善了受弯构件的截面应力分布，降低了钢筋应力，从而大幅度提高了结构的疲劳寿命；聚氨酯水泥-预应力钢丝绳加固受弯构件的疲劳性能不完全取决于构件钢筋应力幅值，还受加固层中钢丝绳和聚氨酯水泥应力幅值影响。

(6) 以平截面假定和内力平衡为基础推导出的构件截面应力-应变模型与试验结果吻合良好，能够有效预测经过聚氨酯水泥-预应力钢丝绳加固的受弯构件的工作性能；在现有研究成果基础上，修正了加固层中不同钢丝绳所占体积百分比时的加固梁的最大裂缝宽度的计算方法。

（7）对实际桥梁进行聚氨酯水泥-预应力钢丝绳加固，加固前、后静载试验测试结果表明：加固后桥梁的挠度和应变明显降低，结构安全储备得到改善；聚氨酯水泥-预应力钢丝绳加固桥比复合砂浆预应力钢丝绳加固桥少布置大量的预应力钢丝绳，但是加固后两座桥的挠度和应变的测量值较加固前的降低程度相当；浇筑后的聚氨酯水泥与主梁变形协调，加固层表面并未开裂。

参考文献

[1] 刘景彤.中国交通年鉴[M].北京:中国交通年鉴社,2001-2016.

[2] 许肇峰.既有钢筋混凝土桥梁损伤状况综合评估方法研究[D].成都:西南交通大学,2006.

[3] 张开鹏,蒋玉龙,曾雪芳.桥梁加固的发展与展望[J].公路,2005,50(8):299-301.

[4] 马琳.中小跨径混凝土梁桥加固适应性研究[D].西安:长安大学,2007.

[5] 徐犇.桥梁检测与维修加固百问[M].北京:人民交通出版社,2002.

[6] 安关峰.城市桥梁结构加固技术指南[M].北京:中国建筑工业出版社,2015.

[7] 张劲泉,王文涛.桥梁检测与加固手册[M].北京:人民交通出版社,2007.

[8] 李殿平.混凝土结构加固设计与施工[M].天津:天津大学出版社,2012.

[9] 张必强.钢筋砼结构火灾后处理方法[C]//华东六省一市建筑施工技术交流会.杭州:浙江省国土资源厅和浙江省地质学会,2011.

[10] 王依群.混凝土结构加固设计计算算例[M].北京:中国建筑工业出版社,2015.

[11] 崔国胜.浅析 MPC 高韧性复合材料在加固火烧涵洞梁板中的应用[J].路桥工程,2016(24):68.

[12] 周永洪.MPC 复合材料快速加固铁路桥梁的基础研究[J].公路,2017,62(6):271-275.

[13] 刘欢.MPC 复合材料抗弯加固 RC 梁的试验与理论研究[D].哈尔滨:哈尔滨工业大学,2016.

[14] 项剑锋.高强钢绞线预应力加固法[J].建筑技术,1992,23(6):364-367.

[15] 陈贵,李延和,闵明保,等.无粘结预应力钢绞线加固技术的应用[J].建筑技术,1996,27(6):388-390.

[16] MASSICOTTE B,PICARD A,GAUMONDY,et al. Strengthening of a long span prestressed segmental box girder bridge[J]. PCI journal,1994,39(3):52-65.

[17] 邵妍.空心板桥预应力钢丝绳网加固性能研究[J].山西建筑,2016,42(18):150-151.

[18] ZHANG S R,LI Z L. The analysis,discussion and suggestions for the mesh reinforcement technique of polymer mortar wire rope[J]. Advanced engineering forum,2012,5:271-276.

[19] PANY. Flexural behavior of reinforced concrete beams strengthened with steel wire mesh and polymer mortar [J]. Advanced materials research, 2011, 250-253:1717-1722.

[20] 刘聆东,刘丙宇,高京林.高强聚合物砂浆在钢丝绳网-聚合物砂浆外加层加固施工中

的应用研究[C]//中冶集团建筑研究总院首届科技大会.北京:[出版者不详],2007.
[21] 阮爱兵.钢丝绳(钢绞线)网片-聚合物砂浆外加层加固工法应用现状[J].福州大学学报(自然科学版),2013,41(4):463-470.
[22] SY KIM,HY BYUN,JI SIM,et al. Shear behavior of reinforced concrete beams strengthened with unbonded-type wire rope units[J]. Journal of the Korea Concrete Institute,2007,19(1),83-90.
[23] YANG K H,BYUN H Y,ASHOUR A F. Shear strengthening of continuous reinforced concrete T-beams using wire rope units[J]. Engineering structures,2009,31(5):1154-1165.
[24] YANG K H,SIM J,BYUN H Y. Axial behavior of reinforced concrete columns externally strengthened with unbonded wire rope and T-shaped steel plate[J]. Journal of the Korea concrete institute,2008,20(2): 221-229.
[25] YANG K H,KIM G H,YANG H S. Shear behavior of continuous reinforced concrete T-beams using wire rope as internal shear reinforcement[J]. Construction and building materials,2011,25(2):911-918.
[26] HARYANTO Y,SATYARNO I,SULISTYO D. Strength and ductility of reinforced concrete T-beams strengthened in the negative moment region with wire rope and mortar composite[J]. Journal of the civil engineering forum,2012,21(1):1163-1169.
[27] 刘伟庆,王曙光,何杰,等.钢绞线网-聚合物砂浆加固钢筋混凝土柱的正截面承载力研究[J].福州大学学报(自然科学版),2013,41(4):456-462.
[28] 钟聪明.约束混凝土柱加固技术研究[D].北京:中国建筑科学研究院,2004.
[29] 马强.损伤度对钢筋混凝土梁钢丝绳抗剪加固效果影响的试验研究[J].天津建设科技,2016,26(6):57-59.
[30] XING G H,WU T,LIU B Q,et al. Experimental investigation of reinforced concrete T-beams strengthened with steel wire mesh embedded in polymer mortar overlay[J]. Advances in structural engineering,2010,13(1):69-79.
[31] 刘鸣,刘伯权,邢国华.钢绞线网-复合砂浆加固钢筋混凝土梁的受弯性能[J].交通运输工程学报,2011,11(4):10-16.
[32] 付国,黄华,刘伯权.复合砂浆钢绞线网加固RC梁受弯性能计算研究[J].力学与实践,2012,34(2):38-42.
[33] 黄华,刘伯权,贺拴海,等.高强钢绞线网加固RC梁抗弯性能的数值分析[J].建筑科学与工程学报,2012,29(3):40-48.
[34] 尚守平,罗业雄.带剪切销钉的复合砂浆加固砌体界面抗剪性能研究[J].建筑结构学报,2011,32(2):54-59.
[35] 李淼.高强钢丝绳网-聚合物改性水泥砂浆加固层与混凝土界面粘结机理研究[D].北京:北京建筑大学,2016.
[36] YANG K H,ASHOUR A F. Tests of reinforced concrete short columns laterally strengthened with wire rope units and steel elements[J]. Magazine of concrete research,2007,59(8):547-557.

[37] SIM J L,K H YANG. Flexural behavior of reinforced concrete columns strengthened with wire rope and T-plate units[J]. ACI structural journal,2009,106(5):697-705.

[38] KIM S Y, YANG K H, BYUN HY, et al. Tests of reinforced concrete beams strengthened with wire rope units [J]. Engineering structures, 2007, 29 (10): 2711-2722.

[39] WU G,WU Z S,WEIY,et al. Flexural strengthening of RC beams using distributed prestressed high strength steel wire rope:theoretical analysis[J]. Structure and infrastructure engineering,2014,10(2):160-174.

[40] 许心怡. 预应力高强钢丝绳抗剪加固混凝土梁试验研究[D]. 南京:东南大学,2017.

[41] 程先春,蔡小宁,王金兰,等. 横向张拉预应力钢丝绳加固混凝土节点的数值模拟[J]. 江苏建筑,2016(5):14-16.

[42] 汪小鹏,封明明,张国强,等. 预张紧钢丝绳网片-聚合物砂浆加固混凝土梁研究[J]. 公路,2016,61(12):105-114.

[43] 张鹏飞,孙全胜. 复合砂浆预应力钢丝绳加固实桥的试验分析[J]. 建筑结构,2014,44(3):67-70.

[44] 黄华. 高强钢绞线网-聚合物砂浆加固钢筋混凝土梁式桥试验研究与机理分析[D]. 西安:长安大学,2008.

[45] 王传勇,夏茹,钱家盛. 双组份聚氨酯/水泥注浆加固材料的性能研究[J]. 广东化工,2015,42(17):27-28.

[46] 李兴贵,吴燕华,朱杰. 无溶剂聚氨酯改性水泥砂浆及其性能研究[J]. 新型建筑材料,2007,34(7):45-47.

[47] 郄录朝,王红,许永贤,等. 聚氨酯固化道床的力学性能试验研究[J]. 铁道建筑,2015,55(1):107-112.

[48] 刘稼琛. 聚氨酯粉煤灰砂浆复合材料在钢拱桥抗震加固工程中的应用研究[D]. 哈尔滨:哈尔滨工业大学,2012.

[49] 邓晓琼. 聚氨酯粉煤灰材料的力学特性及在桥墩抗震加固上的应用研究[J]. 城市道桥与防洪,2016(10):130-133.

[50] 杨永清,严猛,李晓斌,等. 聚合物改性混凝土加固空心板桥荷载横向分布理论及试验研究[J]. 桥梁建设,2014,44(6):63-68.

[51] 王剑琳,刘贵位,叶李水. 利用 MPC 复合材料进行空心板梁桥加固的应用技术研究[J]. 公路,2013,58(8):39-43.

[52] 张宏祥,陈超,于天来. MPC 材料在简支 T 梁加固中的应用[J]. 低温建筑技术,2015,37(3):59-61.

[53] 高峰. MPC 复合材料加固空心板梁桥的试验研究[D]. 哈尔滨:哈尔滨工业大学,2016.

[54] 谷丹丹,孙全胜. MPC 复合材料加固空心板梁桥静载试验研究[J]. 世界桥梁,2015,43(6):88-92.

[55] 郭建才,张彦群,陈炳均,等. 基于 MPC 复合材料进行钢筋混凝土实心板梁桥加固[J]. 公路,2017,62(3):126-130.

[56] HUSSAIN H K,ZHANG L Z,LIU G W. An experimental study on strengthening

reinforced concrete T-beams using new material poly-urethane-cement (PUC)[J]. Construction and building materials,2013,40:104-117.
[57] HUSSAIN H K,LIU G W,YONG Y W. Experimental study to investigate mechanical properties of new material polyurethane-cement composite (PUC)[J]. Construction and building materials,2014,50:200-208.
[58] LIU G,OTSUKA H,MIZUTA Y,et al. A foundational study on static mechanical characteristics of the super lightweight and high strength material using fly-ash[J]. Journal of the society of materials science,2006,55(8):738-745.
[59] LIU G,OTSUKA H,MIZUTA Y,et al. A foundational study on static mechanical characteristics of the super lightweight and high strength material using fly-ash[J]. Journal of the society of materials science,2006,55(8):738-745.
[60] 交通运输部公路科学研究院. 公路工程水泥及水泥混凝土试验规程:JTG E30—2005[S]. 北京:人民交通出版社,2005.
[61] 宋健,温卫东. 不同温度下树脂基复合材料层合板力学性能试验[J]. 航空动力学报,2016,31(4):1006-1018.
[62] 张海燕,曹亮,吴波. 地聚物砂浆高温后抗拉和粘结性能及退化机理[J]. 哈尔滨工业大学学报,2016,48(12):128-134.
[63] 陈杰,段华军,王钧,等. PAPP/PPG 组合多元醇对刚性聚氨酯力学性能的影响[J]. 热固性树脂,2018,33(1):1-4.
[64] AGAVRILOAIE L,OPREA S,BARBUTA M,et al. Characterisation of polymer concrete with epoxy polyurethane acryl matrix[J]. Construction and building materials,2012,37:190-196.
[65] 中国建筑材料联合会. 陶瓷砖的试验方法. 第13 部分:耐化学腐蚀性的测定(ISO 10545-13: 2016)[S]. 北京:中国标准出版社,2016.
[66] 全国水泥标准化技术委员会. 水泥胶砂强度检验方法(ISO 法):GB/T 17671—2021[S]. 北京:中国标准出版社,2021.
[67] PODOLNY W. Corrosion of prestressing steels and its mitigation[J]. PCI journal,1992,37(5):34-55.
[68] SCHUPACK M,SUAREZ M G. Some recent corrosion embrittlement failures of prestressing systems in the United States[J]. PCI Journal,1982,27(2):38-55.
[69] 张劲泉,李承昌,郑晓华,等. 桥梁拉索与吊索[M]. 北京:人民交通出版社,2013.
[70] PANFILOV D A,PISCHULEV A A. The analysis of slab and beam floor with prestressed wire rope reinforcement[J]. Procedia engineering,2015,111:626-631.
[71] 叶金铎,李林安,杨秀萍,等. 有限单元法及工程应用[M]. 北京:清华大学出版社,2012.
[72] 王金昌,陈页开. ABAQUS 在土木工程中的应用[M]. 杭州:浙江大学出版社,2006.
[73] CHAUDHARI S V,CHAKRABARTI M A. Modeling of concrete for nonlinear analysis using finite element code ABAQUS[J]. International journal of computer applications,2012,44(7):14-18.

[74] KMIECIK P,KAMIŃSKI M. Modelling of reinforced concrete structures and composite structures with concrete strength degradation taken into consideration[J]. Archives of civil and mechanical engineering,2011,11(3):623-636.

[75] GENIKOMSOU A S,POLAK M A. Finite element analysis of punching shear of concrete slabs using damaged plasticity model in ABAQUS[J]. Engineering structures, 2015,98:38-48.

[76] 谢启芳,李朋,崔雅珍,等. 基于ABAQUS的传统风格建筑钢筋混凝土梁-柱节点有限元分析[J]. 世界地震工程,2016,32(1):245-253.

[77] HU H T,LIN F M,JAN Y Y. Nonlinear finite element analysis of reinforced concrete beams strengthened by fiber-reinforced plastics[J]. Composite structures,2004,63(3-4):271-281.

[78] HU H T,HUANG C S,WU M H,et al. Nonlinear analysis of axially loaded concrete-filled tube columns with confinement effect[J]. Journal of structural engineering, 2003,129(10):1322-1329.

[79] 吴维彬,赵朝华,吴育後. 粘贴不同层数CFRP加固梁受力性能有限元分析[J]. 西南师范大学学报(自然科学版),2014,39(8):90-94.

[80] 张海霞,何禄源. 基于ABAQUS的表面内嵌CFRP筋粘结滑移性能数值模拟分析[J]. 工程力学,2014,31(S1):239-244.

[81] CHIN S C,SHAFIQ N,NURUDDIN M F. Strengthening of RC beams with large openings in shear by CFRP laminates: experiment and 2D nonlinear finite element analysis[J]. Research journal of applied sciences,engineering and technology,2012,4(9):1172-1180.

[82] BASKAR K,SHANMUGAM N E,THEVENDRAN V. Finite-element analysis of steel-concrete composite plate girder[J]. Journal of structural engineering,2002,128(9):1158-1168.

[83] 杜青,蔡美峰,张献民,等. 粘贴钢板加固钢筋混凝土矩形受弯构件的非线性有限元数值模拟[J]. 公路交通科技,2005,22(5):97-99.

[84] 康习军,余志武,张询安. 钢-混凝土组合梁负弯矩裂缝非线性有限元模拟分析[J]. 长沙铁道学院学报,2003(1):28-33.

[85] 杨云安,唐家祥,陈光明. 粘钢加固钢筋混凝土矩形受扭构件的非线性有限元数值模拟[J]. 华中科技大学学报(城市科学版),2003,20(2):39-42.

[86] 聂建国,王宇航. ABAQUS中混凝土本构模型用于模拟结构静力行为的比较研究[J]. 工程力学,2013,30(4):59-67.

[87] ABAQUS Inc. ABAQUS User's Manual[M]. [S. l. :s. n.],2007.

[88] 张战廷,刘宇锋. ABAQUS中的混凝土塑性损伤模型[J]. 建筑结构,2011,41(S2):229-231.

[89] 中国建筑科学研究所. 混凝土结构设计规范:GB 50010—2010[S]. 北京:中国建筑工业出版社,2011.

[90] 曹明. ABAQUS损伤塑性模型损伤因子计算方法研究[J]. 交通标准化,2012(2):

51-54.
[91] BIRTEL V,MARK P. Parameterised Finite Element Modelling of RC Beam Shear Failure[C]//Proceedings of the 19th Annual International ABAQUS Users' Conference. Boston:[s. n.],2006:95-108.
[92] 袁明,袁晟,颜东煌. 预应力混凝土箱梁塑性损伤分析[J]. 公路交通科技,2016,33(11):86-92.
[93] 陈开利. 碳纤维加固钢筋混凝土梁疲劳性能试验研究[J]. 桥梁建设,2009,39(S2):40-44.
[94] 刘沐宇,李开兵. 碳纤维布加固混凝土梁的疲劳性能试验研究[J]. 土木工程学报,2005,38(9):32-36.
[95] 顾祥林,李翔,张伟平,等. 碳纤维布加固低强度混凝土梁受力性能试验研究[J]. 工业建筑,2007(增刊):35-39.
[96] LI Z Q,FAN Y Y. The experimental study on fatigue properties of CFRP reinforced concrete beam[J]. Advanced materials research,2011,383-390:3157-3161.
[97] SHI L Y,XIA P Q,SHI L P. Experimental study of glass fibre reinforced polymer-strengthened bridge RC beams subjected to fatigue loading[J]. Journal of computational and theoretical nanoscience,2008,5(8):1700-1703.
[98] LU Y Y,HU L,LI S,et al. Experimental study and analysis on fatigue stiffness of RC beams strengthened with CFRP and steel plate[J]. Journal of central south university,2016,23(3):701-707.
[99] PENG H,ZHANG J R,SHANG S P,et al. Experimental study of flexural fatigue performance of reinforced concrete beams strengthened with prestressed CFRP plates[J]. Engineering structures,2016,127:62-72.
[100] AL-ROUSAN R, ISSA M. Fatigue performance of reinforced concrete beams strengthened with CFRP sheets[J]. Construction and building materials,2011,25(8):3520-3529.
[101] ELREFAI A,WEST J,SOUDKI K. Fatigue of reinforced concrete beams strengthened with externally post-tensioned CFRP tendons[J]. Construction and building materials,2012,29:246-256.
[102] 张轲. 预应力碳纤维布加固混凝土梁弯曲疲劳性能研究[D]. 北京:清华大学,2005.
[103] 何初生,王文炜,杨威,等. 预应力 CFRP 布加固钢筋混凝土梁疲劳性能试验研究[J]. 东南大学学报(自然科学版),2011,41(4):841-847.
[104] 张建伟,杜修力,邓宗才,等. 预应力芳纶纤维布加固混凝土梁的疲劳试验[J]. 北京工业大学学报,2009,35(1):70-77.
[105] 彭晖,尚守平,张建仁,等. 预应力碳纤维板加固受弯构件的疲劳性能研究[J]. 土木工程学报,2009,42(8):42-49.
[106] 张娟秀,叶见曙. 粘贴加固混凝土梁的疲劳性能[M]. 南京:东南大学出版社,2014.
[107] OH B H,CHO J Y,PARK D G. Static and fatigue behavior of reinforced concrete beams strengthened with steel plates for flexure[J]. Journal of structural engineer-

ing,2003,129(4):527-535.
[108] OH B H,CHO J Y,CHA S W. Static and fatigue behavior of RC beams strengthened with steel plates[J]. International journal of concrete structures and materials, 2002,14(1):51-60.
[109] 聂建国,王宇航. 钢板-混凝土组合受弯加固梁疲劳性能试验研究[J]. 建筑结构学报, 2011,32(2):1-9.
[110] 王明智. 钢板加固钢筋混凝土梁的疲劳受力性能试验研究[D]. 郑州:郑州大学,2009.
[111] 胡新舒. 高强钢绞线加固钢筋混凝土梁抗弯疲劳性能的试验研究[D]. 北京:清华大学,2004.